말로 노는 아이

말과 친해지는 100가지 말놀이

말로
노는
아이

이수민 지음

도서
출판 **더 로드**
The Road Books

말은 놀이처럼 자연스러운 것

저는 아이와 말로 참 많이 놀았습니다.

정확히는, '가르친 적은 없는데 놀다 보니 말이 자라 있었다'는 게 더 맞을지도 모르겠어요.

책을 읽고, 상황을 설명하고, 어려운 단어를 슬쩍 던져보고,

그걸 아이가 다시 자기 말로 따라해보는 순간들.

처음엔 그게 특별하다고 생각하지 않았는데, 어느 날 문득 깨달았어요.

'이 아이는 단어를 외우는 게 아니라, 말의 세계를 만들고 있구나.'

예를 들면 이런 식이었죠.

"우와~ 크레인이 상승하고 있네."

"엄마! 상승이 뭐야?"

"점점 위로 올라간다는 뜻이야."

"(잠시 생각하다 계단에 올라서며) 현경이도 상승했어!"

대화는 늘 같은 패턴이었습니다.

아이는 제게 모르는 단어를 물어보고, 엄마의 설명을 듣고, 그걸 자기 말로 다시 말해보았죠. 매번 그렇게 단어를 흡수했고, 자기만의 사전에 차곡차곡 담아가는 것 같았어요.

뜻이 어려워 끝까지 이해가 되지 않아도 문장 속 흐름으로 짐작하려 하고,

새로 알게 된 말은 뽐내듯 자주 써보기도 하더군요.

어느 날엔 음식을 먹다 아이가 말했어요.

"감칠맛이 나네~"

저는 '설마, 5살 아이가 이 말을 아는 걸까?' 싶었죠.

그런데 달고 짠 음식에도 "감칠맛이 나~" 하길래 웃음이 났어요.

그 말이 꼭 맞는 자리에 쓰인 건 아니었지만,

그저 한번 써보고 싶었던 것 같아서 굳이 그 뜻을 바로잡진 않았습니다.

언젠간 자연스럽게 알게 될 테니까요.

사실, 아이는 조금 빠른 편이긴 했어요.

한글을 알려준 적이 없는데도, 30개월에 받침 없는 한글을 읽기 시작했고, 정확히 40개월엔 모든 한글을 혼자 읽게 되었죠.

책을 읽어주는 제 속도가 답답했는지 혼자 책을 읽는 시간이 부쩍 늘었던 시기였습니다.

그 모든 순간들이 아이에겐 '말이 자라는 시간'이었던 것 같습니다.

놀이처럼, 일상처럼, 그렇게 자연스럽게 스며들었기에 더 단단하게 자랄 수 있었던 것 같아요.

제가 아이에게 바라는 건 단 하나였습니다.

어디서든 필요한 건 당당히 말하고, 잘못된 건 똑바로 표현하며 그렇게 세상에 나아갈 수 있기를.

그게 얼마나 쉽지 않은 일인지 누구보다 제가 잘 알고 있었기 때문이죠.

커가며 또 변할 수 있겠지만 만5세인 지금까지 아이는 말하는 데 망설임이 없습니다.

표현이 어른스럽고, 이중모음 발음까지도 아주 정확해요.

때로는 당돌할 정도로 자기 생각을 분명히 말하기도 하죠.

그런데, 엄마를 닮아서일까요.

감정 표현만은 아직도 조금 서툰 것 같아요.

마음이 복잡할 땐 오히려 말이 줄어들고, 무슨 말을 해야 할지 몰라 눈물을 보이기도 해요.

저는 그 모습이 낯설지 않았습니다.

마음을 말로 풀어내는 일이 얼마나 어려운지를 잘 알고 있으니까요.

그래서 저는 조급해하지 않기로 했습니다.
감정도 언어처럼, 놀이처럼 자연스럽게 열릴 수 있도록 기다리기로요.
말을 항상 잘하려 하지 않아도 괜찮아요.
함께 말하고, 함께 웃고, 함께 노는 그 시간이
결국 아이의 언어를, 생각을, 마음을 자라게 한다는 걸 믿으니까요.

4부
생각으로 노는 아이

5부
감정으로 노는 아이

말놀이 중요성

"왜 말놀이일까요?"

1. 아이의 말은 저절로 자라지 않아요

언어는 단지 표현의 수단이 아니라, 사고의 틀입니다.
그래서 우리는 언어, 즉 말의 중요성을 너무나 알고 있죠.

말은 자연스럽게 자란다고들 합니다. 그 말도 맞지만, 조금 덧붙이고 싶습니다.
말은 '어떤 환경 안에서' 자라느냐에 따라 전혀 다른 결을 갖게 됩니다.

심리학자 비고츠키는 말했습니다.
"놀이 안에서 언어는 가장 자유롭고 풍성하게 자란다."

놀이 안에서 아이는 말의 리듬을 느끼고, 감정과 상황을 언어로 옮기며, 관계 안에서 단어를 주고받습니다.
아이에게 말은 감정을 담는 그릇이자, 세상을 정리하는 첫 번째 도구입니다.

하버드대 뇌과학연구소(HGSE)의 연구에 따르면, 유아기의 언어놀이 경험은 단어 수의 증가뿐 아니라, 문장 구성 능력, 감정 조절력, 사회적 공감 능력에도 직접적인 영향을 준다고 합니다. 또한 2018년 OECD 보고서는 "5세 아동의 언어표현력 수준이 향후 문제 해결력·집중력·사회 적응력과 상관관계가 높다."고 밝히고 있습니다.

그러나 이런 입증된 각종 결과를 보지 않더라도 우리는 압니다. 아이의 말이 아이의 세상을 만들어 간다는 걸.

다시 말해, 말을 잘하는 아이는 단순히 '언어능력'이 높은 게 아니라, 자기 감정을 말로 다듬고, 타인의 말을 귀로 받아들일 수 있는 아이라는 뜻입니다.

말놀이는 바로 그 시작을 만들어줍니다.
'말을 시키는 놀이'가 아니라, '말할 수 있게 되는 자리'를 만들어주는 경험.

아이들은 놀이 속에서 자연스럽게 낱말을 구분하고, 감정에 이름을 붙이고, 엉뚱한 상상을 말로 표현해 보며 자신의 언어 세계를 만들어 갑니다.
그리고 그런 아이는 다른 사람의 말도 잘 듣고, 자기 감정도 무시하지 않으며, 서툴러도 말로 관계를 이어보려는 사람으로 자라게 됩니다.

> "말은 단순히 지식 전달의 도구가 아니라, 아이의 정서, 관계, 인지 발달 전체를 연결하는 열쇠다."
>
> – 발달 언어학자 캐서린 스노우 (하버드 교육대학원 교육학자)

말은 놀이 속에서 자라고 또 자라날 것입니다. 이 책은 그 시작을 함께 여는 작은 초대장입니다.

2. 말로 놀았을 뿐인데, 아이가 자라고 있었어요

저는 아이가 말을 알아듣기 전, 아주 어릴 때부터 특별히 의식하진 않았지만, 자연스럽게 말을 걸고, 작은 몸짓에도 반응하며 수다를 나누듯 지내왔습니다.
그렇게 시작된 언어와의 친밀감은 아이가 자라면서 조금씩 놀이로 이어졌고, 세 살 무렵부터는 말과 감정을 연결하는 놀이로 자연스럽게 확장되었습니다.

물론 일부러 말놀이를 한 적은 없습니다. 저희에겐 그저 말장난 같은 일상이었죠.

'구름은 자기 모양을 어떻게 고를까?', '그림자는 왜 말을 안 할까?'와 같은 소소하고 엉뚱한 말장난에서 시작된 놀이들이 아이의 말결을 조금씩 키워주었습니다.

그러다 저는 책을 본격적으로 쓰던 중, 문득 이런 생각이 들었습니다.

'아이가 말을 좋아하고, 또래에 비해 잘하는 것 같긴 한데, 혹시 우리가 아기 때부터 자연스럽게 해왔던 말놀이들이 지금의 언어에 영향을 준 건 아닐까? 만약 그렇다면 어떻게 증명될 수 있을까?'

사실 단순히 수치가 궁금했다면 두 살 무렵부터 주변에서 권하던 영재검사도 이미 받아봤을 겁니다.

하지만 저는 그땐 하지 않았습니다. '지금 이 모습으로 충분한데 굳이 수치가 필요할까?' 하는 마음이 컸거든요.

그런데 이번에는 달랐습니다.

책을 쓰며 지난 시간을 돌아보다 보니 우리가 함께한 말놀이들이 아이에게 어떤 자양분이 되었는지를 한 번쯤 객관적인 시선으로 확인해 보고 싶어진 거죠.

그렇게 만 5세가 된 어느 봄날, 별다른 계획이나 준비 없이 편히 웩슬러 지능검사를 받게 되었고, 아이는 전체 지능지수 상위 1%, 그 중 '언어이해' 지표는 상위 0.3%라는 결과를 받았습니다.

그러나 저는 사실 그 결과에 크게 놀라지 않았습니다. 이미 아이의 말하는 방식에서 무언가 단단히 자라고 있다는 걸 느끼고 있었기 때문입니다. 오히려 그 수치를 통해, 놀이로 이어온 시간들이 언어에 어떻게 스며들었는지를 더 깊이 돌아보게 되었습니다.

결국 가장 인상 깊었던 건, 그 모든 변화가 학습이 아닌 놀이 속 대화에서 비롯되었다는 사실이었습니다.

물론 저의 아이도 아직 부족한 부분이 많지만, 계속해서 성장 중입니다.

어쩌면 누군가는 이렇게 생각할지도 모릅니다.

"그건 유전이겠지. 타고난 거잖아."

하지만 저는 단호히 말할 수 있습니다. 아무리 타고난 게 있다 하더라도, 우리가 그 시간 동안 말로 놀지 않았다면 지금 같은 성장은 분명 없었을 거라고요.

머리가 좋아도 방치하면 의미 없듯, 아이를 세심히 관찰하고, 그 아이에게 맞는 방식으로 좋은 자극을 주는 일이 얼마나 중요한지 저는 매일 실감하고 있습니다.

이 책에 담긴 100개의 말놀이는 특별한 준비나 도구 없이도 어디서든 말로 놀 수 있는 방법들입니다.

부모의 말 한마디, 아이의 호기심 한 줄에서 언어의 씨앗은 자라납니다.
그리고 그 씨앗은 함께 웃고 떠들며 자란 말 속에서 하나씩 싹을 틔우기 시작할 거예요.

말은 매일 자랍니다.

어떤 날은 소리로, 어떤 날은 표정으로, 또 어떤 날은 아무 말도 하지 않아도 자랍니다.

그래서 말놀이는 아이의 언어를 '가르치는 것'이 아니라 함께 머무는 '말의 자리'를 만들어 주는 일이에요.

말을 꺼내지 않아도 괜찮고, 그저 웃으며 바라봐주는 눈빛 하나로도 충분할 때가 많습니다.

이 책은 순서대로 보지 않아도 괜찮아요.

그날 아이의 기분, 관심사, 표정 하나를 보고 툭, 하나 골라 펼쳐주세요.

그날의 말놀이는 그렇게 시작될지도 몰라요. 가끔은 말놀이가 잘 안될 수도 있어요.

하지만 그 순간에도 '말하려는 마음'은 분명히 자라고 있으니 조급해하지 않으셔도 괜찮아요.

• 연령별 말놀이 팁

아이의 나이보다, 말의 감도에 귀 기울여 주세요.

3~4세 무렵에는 말보다 몸이 먼저 움직일 수 있어요.

짧은 말을 흉내 내거나, 표정과 소리로 반응하는 것만으로도 멋진 대화가 됩니다.

5~7세가 되면 감정 표현과 상상 말놀이에 흠뻑 빠지기 시작해요.

말이 이야기가 되고, 역할극이 되어 새로운 세계를 펼칩니다.

초등 저학년 아이들은 이제 스스로의 말을 관찰하고, 표현하는 힘이 자라납니다.

인터뷰, 의견 나누기, 이야기 만들기 같은 놀이도 자연스럽게 받아들입니다.

나이는 참고일 뿐이에요. 아이의 말 리듬과 감도에 귀를 기울이면 그날의 놀이가 자연스럽게 떠오를 거예요.

• 준비물이 없을수록 말은 더 자유로워져요

이 책의 말놀이는 대부분 준비물 없이도 가능해요.
식탁 위, 차 안, 산책길, 잠들기 전 이불 속—
언제 어디서든 아이와 눈이 마주치면 그곳이 곧 '말놀이의 자리'가 됩니다.
펜과 종이가 있으면 더 풍성하게 놀 수 있지만, 가장 필요한 건 언제나 같아요.
바로 "말을 들어줄 사람 한 명, 함께 웃을 마음 반쪽."

• 실수해도, 어색해도 괜찮습니다

놀이 중에 아이의 말이 막히거나 아이가 엉뚱한 대답을 해도, 그것부터가 말의 시작이에요.
"그건 이상해!"보다는 "오, 그렇게 생각할 수 있구나!"로 되받아주는 게 아이에게는 훨씬 더 따뜻한 언어 경험이 됩니다.
말은 때로 정답보다 과정이 더 재미있거든요.

• 〈말놀이 100개〉를 잘 활용하려면?

말놀이는 아이의 언어 감도에 따라 리듬을 타듯 흐르는 것이 가장 자연스럽습니다.
그래서 이 책은 각 파트마다 '시작하는 놀이 → 넓혀가는 놀이 → 깊어지는 놀이' 순으로 구성했어요.
아이의 현재 언어 수준에 따라 시작점을 고르고, 천천히 다음 단계로 확장해 주세요.

• 엄마 아빠에게

다시 한번 강조하지만, 이 책은 '아이를 말 잘하게 만드는 책'이 아닙니다.
'아이와 잘 말하며 지내는 하루'를 위한 책이에요.

한 문장이라도, 마음이 닿는다면 충분합니다.
오늘의 말놀이가 꼭 재미있지 않아도 괜찮아요.
말은 오늘도 자라고 있으니까요.
눈빛 안에서, 기다림 속에서, 그리고 부모의 말 안에서.

이 말을 항상 기억하세요.
"아이의 말은 자란다. 들은 만큼, 웃은 만큼, 기다려준 만큼."

책을 시작하며, 지금 마음을 기록해보세요.

1부

단어로 노는 아이

단어는
말의 씨앗입니다

우리는 '말을 잘한다.'라는 표현을 흔히 씁니다.

하지만 그 말은 결국 '단어를 잘 고른다.'라는 뜻일지도 모릅니다.

아이는 단어를 통해 세상을 구체적으로 구분하고, 자신의 감정에 이름을 붙이고, 다른 사람의 마음에 다가갈 수 있게 됩니다.

처음에는 '꽃'이었다가, 조금 지나면 '장미', '튤립', '들꽃'처럼 아이는 점점 더 섬세하게 세상을 읽어냅니다.

단어는 언어의 시작이자, 아이의 사고와 감정이 머무는 첫 주소입니다.

이 파트에 담긴 말놀이는 그 주소를 더 따뜻하고 단단하게 다듬어주는 놀이들입니다.

"단어 하나를 더 알게 될 때마다 아이는 세상에 대한 설명서를 한 줄 더 완성해 갑니다."

단어 말놀이 안내문

단어 말놀이는 아이가 자기 감각과 감정을 자각하게 하고, 다양한 어휘를 자연스럽게 익히는 데에 효과적인 방식입니다.

이 파트는 '연결 → 확장 → 깊이'의 흐름으로 구성되어 있어요.
처음엔 단어를 이어보고, 점점 의미를 탐색하고, 마지막엔 자기 언어로 단어를 새롭게 써보는 놀이까지 이어집니다.

단어 말놀이, 이렇게 해보세요.

아이가 좋아하는 단어부터 시작하세요. (예: 자동차 종류, 공룡 이름, 음식, 만화 속 캐릭터)
소리, 촉감, 색깔처럼 감각을 연결해 단어를 떠올리게 해주세요.
단어에 감정을 더하거나, 상황을 바꿔보며 다양하게 활용해 보세요.

놀이 중 이렇게 말해보세요

"이 단어는 어떤 느낌이야? 말하면 기분이 어때?"
"엉뚱해도 괜찮아. 너만의 단어여도 좋아."
"그 단어 고른 이유가 궁금해! 나한테만 살짝 말해줄래?"

단어 짝꿍 릴레이

놀이 목적

단어 간 연관성을 떠올리며 어휘 확장을 돕고, 연상 능력과 창의적 사고를 키워요.

놀이 방법

한 단어를 말하면, 그 단어와 어울리는 짝꿍 단어를 이어 말해요.
"연필!" 하면 "지우개!", "비!" 하면 "우산!"
꼭 정해진 답이 아니어도 괜찮아요. 아이가 왜 그렇게 말했는지 들어보는 게 더 중요해요.

예시 대화

엄마: "나는 사과."
아이: "나는 주스.
엄마: "나는 주스를 담는 컵."
아이: "그럼 나는 물."
엄마: "오~ 끝이 없이 떠오르네~ 이제 네가 먼저 시작해 볼래?"

엄마 한마디

"무엇이든 생각나는 대로 말해도 좋아. 너만의 짝꿍을 찾아보자."

놀이가 자라는 한 문장

하나의 단어에서, 수많은 연결이 시작돼요.

놀이 응용

- 색깔 짝꿍: "노란색 하면 떠오르는 건?"
- 속담이나 동화에서 짝꿍 찾기: "해님 하면 떠오르는 건?"
- 한 사람이 한 번에 3개 연결 짝꿍 만들기: "연필–지우개–필통!"

엄마를 위한 팁

- 아이가 엉뚱한 단어를 말해도 정답이 아니라고 단정 짓지 마세요. 왜 그런 생각을 했는지 물어보면 더 깊은 대화를 나눌 수 있어요.
- 일상 속 모든 단어가 놀이의 시작이 될 수 있어요. 간식 먹을 때, 목욕할 때, 나들이 갈 때도 자연스럽게 말을 건네보세요.

2

반대말
탐정

놀이 목적

단어의 의미를 비교하며 언어 감각을 키우고, 상황을 다르게 바라보는 관점을 길러줘요.

놀이 방법

단어 하나를 말하면, 아이는 그 반대말을 말해요.
"크다!" 하면 "작다!", "슬프다!" 하면 "기쁘다!"
반대말이 정확하지 않아도 괜찮아요. 아이만의 기준을 들어보세요.

예시 대화

엄마: "나는 따뜻한 물!"
아이: "나는 차가운 물!"
엄마: "나는 밝은 햇빛!"
아이: "나는 어두운 그림자!"
엄마: "나는 무거운 돌맹이!"
아이: "나는 가벼운 깃털!"
엄마: "우와~ 우리 반대말 탐정 엄청 많이 찾아내네!"

엄마 한마디

"반대말을 찾는 건, 생각을 반대로 돌려보는 연습이 될 거야."

놀이가 자라는 한 문장

같은 말도 반대로 생각하면 또 다른 세상이 보여요.

놀이 응용

- 상황 제시 반대말:
  "밖은 추워!" → "안은 따뜻해!", "여름은 더워!" → "겨울은 추워!"
- 그림책 반대말 탐정:
  그림책 속 '웃고 있는 토끼'를 보고 "슬픈 토끼는 어떻게 생겼을까?"
- 몸으로 반대말 표현하기:
  "무겁다"는 천천히 걸어보기 / "가볍다"는 깡총깡총 뛰기

엄마를 위한 팁

- 아이가 반대말을 못 떠올리면 힌트를 주거나 그림으로 도와주세요.
- 아이가 반대로 말하는 습관이 있어도 긍정적으로 연결해볼 수 있어요. "싫어!" → "그럼 좋아하는 건 뭐야?"

3

낱말 퍼즐 공작소

놀이 목적

낱말을 자르고 붙이는 놀이를 통해 단어의 구성과 구조에 자연스럽게 익숙해져요.

놀이 방법

단어를 낱자(음절)로 나누고, 순서를 섞은 뒤 다시 맞추어 보아요.

예: "바나나" → 〔바〕〔나〕〔나〕를 섞어두고 다시 조립하기

실제로 종이에 써서 오려주면 아이가 손으로도 감각을 익힐 수 있어요.

예시 대화

엄마: "이 단어를 잘 들어봐. '자동차'라는 말을 소리로 나눠볼 수 있을까?"

아이: "자-동-차!"

엄마: "맞아! 그럼, 이번엔 '사과'는 어떻게 나눌 수 있을까?"

아이: "사-과!"

엄마: "좋았어~ 단어도 퍼즐처럼 조각이 있다는 걸 알게 됐네. 이제 네가 단어 하나 말해
봐. 엄마가 나눠볼게!"

엄마 한마디

"단어는 소리 조각으로도 놀 수 있는 퍼즐이야."

놀이가 자라는 한 문장

단어를 쪼개고 다시 붙이며, 말의 구조를 배워봐요.

놀이 응용

- 그림과 함께 퍼즐 맞추기
  "[물] [고] [기]" 조각 옆에 물고기 그림 보여주기
- 엉뚱한 조각 섞기
  [눈] [사] [람] [나] → "사람"만 고르기

엄마를 위한 팁

- 한글에 관심을 갖기 전, 아이에게는 조각을 색으로 구분해 주는 것도 좋아요.
- '어렵다' 싶으면 이름이나 좋아하는 음식으로 시작하세요. 친숙함이 흥미를 이끌어요.

문장 만들기 미션 4

놀이 목적

단어를 문장으로 자연스럽게 확장하면서 문장 구성력과 창의적 표현력을 키워요.

놀이 방법

준비한 단어들 중 하나를 골라서 그 단어가 들어가는 문장을 말해요.

예: 단어 "사과" → "나는 사과를 좋아해요."

단어는 카드로 뽑아도 좋고, 말로 들려줘도 좋아요.

예시 대화

엄마: "이 단어 중에 마음에 드는 걸 골라서 문장을 만들어볼까? '고양이', '빨리', '창문' 중에 골라봐."

아이: "고양이! 문장은... 고양이가 커요!"

엄마: "좋아! 그럼, '창문'도 넣어서 더 긴 문장을 만들어볼 수 있을까?"

아이: "큰 고양이가 창문 근처에 있었어요!"

엄마: "오, 점점 길어지네. 이번엔 '빨리'도 넣어볼래?"

아이: "큰 고양이가 창문 근처에서 빨리 움직였어요!"

엄마: "멋지다! 문장을 점점 길게 만드는 연습이 되었네~"

엄마 한마디

"단어 하나로도 재미있는 이야기가 시작될 수 있어."

놀이가 자라는 한 문장

단어는 문장 속에서 살아 움직입니다.

놀이 응용

- 두 단어 넣기 미션

  "기린" + "우산" → "기린이 우산을 쓰고 있었어요."

- 문장 바꿔 말하기

  "사과를 먹었어요." → "사과를 입에 쏙 넣었어요."

엄마를 위한 팁

- 문장이 짧아도 충분해요. "사과 맛있어!"도 멋진 시작이에요.

- 아이가 말한 문장을 메모해 두면, 나중에 함께 책처럼 묶어볼 수도 있어요.

단어 별점 매기기

5

놀이 목적

난어에 대한 감정과 선호를 표현해 보며 언어 감각과 자기 표현력을 기릅니다.

놀이 방법

하나의 단어를 듣고, 별 1~5개로 점수를 매겨요.
그리고 왜 그 점수를 줬는지도 이야기해요.
느낌대로 말해도 되고, 재미있게 과장해도 좋아요!

예시 대화

엄마: "'풍선'이라는 단어, 별 다섯 개 만점에 몇 개 줄래?"
아이: "음... 네 개! 소리가 통통 튀어서 좋아."
엄마: "그럼, '쓰레기'는?"
아이: "별 한 개! 냄새가 떠올라서 싫어."
엄마: "아하~ 단어마다 느낌이 다르구나. 재미있는 평가네!"

엄마 한마디

"솔직한 느낌을 말하는 것도 말놀이야."

놀이가 자라는 한 문장

단어에 점수를 매기는 건, 마음의 온도를 말로 표현하는 연습이에요.

놀이 응용

- 비교 놀이

  "엄마 vs 아빠" → "음… 둘 다 별 5개!"
- 주제 정해서 별점 매기기

  '음식' 단어만 모아서 점수 주기: 피자, 브로콜리, 떡볶이 등

엄마를 위한 팁

- 점수에 정답은 없어요. 감정 표현 자체가 목표예요.
- "왜 그 점수를 줬어?" 한마디가 대화의 시작이 돼요.

부모의 연습장

**6 단어
움바꼭킬**

놀이 목적

보는 것과 말하는 것을 연결하면서 단어 인식력과 표현력을 키워요.

놀이 방법

그림을 보여주고, 그에 어울리는 단어를 아이가 말해요.

사진, 그림책, 색칠 북, 낙서 등 뭐든 OK!

예: 곰 사진을 보여주고 "어떤 것들이 보여?" → "곰!", "갈색!", "숲!"

같은 그림을 보고도 아이마다 다른 단어를 떠올릴 수 있어요. 정답보다 느낌이 중요해요.

예시 대화

엄마: 자, 오늘 그림 한 장 준비했어요!

아이: 와~ 이거 자동차 정비소다!

엄마: 맞아, 그런데 그림 속에 '조용한 단어' 하나가 숨어 있어요. 뭘까?

아이: 음…다들 뭔가 바쁘게 움직이는데?

엄마: 그래도 자세히 보면, 가만히 있는 게 하나 있어요.

아이: 아! 구석에 있는 의자! 아무도 안 앉아 있잖아!

엄마: 대단한데? 바로 그거야. '조용한 의자'도 좋은 표현이네. 이번엔 '소리가 나는 단어' 찾아볼까?

엄마 한마디

"그림은 마음속 단어를 꺼내는 창이야."

놀이가 자라는 한 문장

눈으로 보고, 마음으로 느끼고, 입으로 표현해요.

놀이 응용

- 배경음 단어 찾기

  그림 없이 파도 소리만 들려주고 → "이 소리에서 어떤 단어가 떠올라?"
- 같은 그림, 다른 말 대결

  같은 사과·그림 보고 "새콤해!", "빨개!", "맛있겠다!" 누가 더 많이 말하나 겨루기

엄마를 위한 팁

- 말이 안 나오면 "무슨 냄새일까?", "어떤 느낌일까?" 하고 다른 감각으로 접근해 보세요.
- 그림책이나 카탈로그도 좋은 자료예요. 꼭 특별한 그림이 아니어도 돼요.

7

단어 탑 쌓기

놀이 목적

단어를 반복하며 확장하는 방식으로 어휘력과 말의 흐름을 키워요.

놀이 방법

처음 단어 하나를 말하고, 다음 사람이 그 단어를 기억하며 또 다른 단어를 덧붙여요. 계속 반복하면서 단어를 점점 길게 이어가요.

예: "사과" → "사과, 바나나" → "사과, 바나나, 수박"…

꼭 먹을 게 아니어도 돼요. 주제는 바꿔가며 놀 수 있어요!

예시 대화

엄마: "'책상'으로 시작해서 단어를 하나씩 더 붙여 문장을 길게 만들어보자."

아이: "책상 위!"

엄마: "좋아~ 그럼 '책상 위에 연필!'"

아이: "책상 위에 연필이 놓였어요!"

엄마: "오~ 이번엔 더 길게! '책상 위에 연필이 놓여 있고...'"

아이: "책상 위에 연필이 놓여 있고 옆에는 색연필도 있어요!"

엄마: "우와, 문장이 자라난다! 우리 단어 탑 어디까지 쌓을 수 있을까?"

엄마 한마디

"단어가 많아질수록 기억력도, 말하기도 쑥쑥 자라."

놀이가 자라는 한 문장

말이 이어질수록 생각도 단단해집니다.

놀이 응용

- **주제 정해서 쌓기**

  "과일 탑" → "딸기, 포도, 참외, 수박…"

  "탈것 탑" → "자동차, 기차, 자전거…"

- **글자 수 제한하기**

  "두 글자만!" → "감자, 우유, 토끼…"

- **단어 기억 테스트**

  처음부터 다시 말하게 하기! "뭐부터 시작했더라?"

엄마를 위한 팁

- 단어가 길어져서 헷갈리기 시작하면, "엄마가 도와줄게!" 하고 같이 말해보세요.
- 아이가 단어를 반복하며 말할수록 말의 리듬과 자신감이 자연스럽게 자랍니다.

8

느낌이 다른 말 고르기

놀이 목적

비슷한 단어 속에서도 감정이나 분위기를 구분하며 섬세한 언어 감각을 키워요.

놀이 방법

비슷한 단어 세 개를 말해주고, 그중 느낌이 다른 하나를 고르게 해요.

예: "반짝이다, 빛나다, 덩그러니" → "덩그러니!"

정답보다 "왜 그걸 골랐는지" 말해보는 게 중요해요.

예시 대화

엄마: "이 세 단어 중 느낌이 다른 건 뭐라고 생각해? '살랑살랑', '쿵쾅쿵쾅', '스르륵'"

아이: "쿵쾅쿵쾅! 다른 건 조용한데 이건 시끄러워."

엄마: "맞아~ 소리나 움직임의 느낌이 다르지? 그럼 '보들보들', '까칠까칠', '부드럽게' 중 엔 어떤 게 다 를까?"

아이: "까칠까칠! 나머진 부드러운 느낌이야."

엄마: "느낌에 따라 단어가 주는 인상이 달라지는 걸 알 수 있네~"

놀이 응용

- **주제 정해 비교하기**
  예: 음식 → "달콤하다, 고소하다, 시끄럽다"
- **표정이나 몸짓으로 느낌 표현하기**
  "무서워, 걱정돼, 웃겨" → 표정 따라 하기
- **그림 보고 느낌 나누기**
  어떤 장면을 보고 "쓸쓸해", "뿌듯해" 같은 느낌 말하기

엄마를 위한 팁

- 아이가 고른 단어에 꼭 이유를 물어보세요. 대답이 곧 감정 어휘입니다.
- 비슷한 말끼리 비교할수록 말에 섬세함이 더해져요.

9

감정 단어
수집함

놀이 목적

다양한 감정 단어를 접하며 자기 감정을 더 정확히 표현할 수 있어요.

놀이 방법

느꼈던 감정이나 오늘 하루 기분을 단어로 표현해 보고 수집해요.
"기분이 어때?" → "좋아", "화나", "뿌듯해" 등.
감정 그림표나 감정 카드도 함께 쓰면 좋아요.

예시 대화

엄마: "오늘 하루 동안 느낀 감정을 단어로 말해볼까?"

아이: "음… 기뻤고, 좀 화도 났고, 나중엔 졸렸어."

엄마: "그랬구나~ 혹시 '기뻤다' 말고 또 비슷한 말 있을까?"

아이: "신났다! 뿌듯했다!도 있어."

엄마: "와~ 감정 단어가 진짜 다양하구나. 우리 오늘 이렇게 수집한 감정 단어들로 작은 사전 만들어볼까?"

엄마 한마디

"기분도 단어가 되면, 네 마음을 더 잘 알 수 있어."

놀이가 자라는 한 문장

감정을 단어로 표현할 때, 마음의 주인이 됩니다.

놀이 응용

- 색깔로 감정 구분

  "노란색 기분은?", "파란색 기분은?"
- 감정 단어로 일기 제목 짓기

  "오늘은 속상함 투성이!", "오늘 날씨 기쁨!"
- 감정 단어 카드 만들기

  아이가 좋아하는 말로 감정 카드 직접 쓰기

엄마를 위한 팁

- 아이가 감정 표현에 서툴러도 기다려주세요. 말할수록 늘어요.
- "그 단어, 너한테 꼭 어울린다."처럼 인정해 주는 말이 중요해요.

같은 단어,
다른 뜻 탐험

놀이 목적

하나의 단어에 여러 뜻이 있다는 걸 알게 되며 언어 확장력을 키워요.

놀이 방법

하나의 단어를 주고, 그 단어의 다른 뜻이나 쓰임을 찾아요.

예: "눈" → "하늘에서 오는 눈", "사람의 눈"

익숙한 단어부터 시작해서 맥락에 따라 바뀌는 의미를 찾아보면 좋아요.

예시 대화

엄마: "'눈'이라는 단어, 어떤 뜻이 있을까?"

아이: "하늘에서 내리는 눈! 또... 보는 눈!"

엄마: "맞아, 똑같은 말인데 뜻이 다르지? 그럼 '배'는?"

아이: "음... 먹는 배, 타는 배, 그리고 배 아플 때 배!"

엄마: "우와~ 단어 하나에도 이렇게 많은 뜻이 숨어 있구나. 재미있는 보물찾기 같아!"

엄마 한마디

"같은 말도 상황이 달라지면 새로운 뜻이 돼."

놀이가 자라는 한 문장

한 단어에 담긴 여러 세계를 발견해요.

놀이 응용

- 그림 보고 다양한 단어 뜻 찾기

  "배" → 과일 배, 배(타는 것), 배(배꼽 배)

- 동화 속 단어로 의미 찾기

  "말" → 동물 이야기일까, 대화일까?

- 단어로 낱말 퀴즈 만들기

  "이건 먹기도 하고, 타기도 해요." (정답: 배)

엄마를 위한 팁

- 아이가 "이것도 될까?" 질문할 때, 열린 태도로 받아주세요.
- '말놀이'인 만큼 뜻풀이가 맞지 않아도 괜찮아요.

부모의 연습장

11

나만의 단어 사전 만들기

놀이 목적

단어를 스스로 정리해 보며 자기 언어의 의미를 구성해요.

놀이 방법

하나의 단어를 골라, 아이만의 방식으로 뜻을 정의하거나 그림을 그려요.
'진짜' 뜻이 아니라 '아이에게 어떤 느낌인지'를 표현하는 게 핵심이에요.

예시 대화

엄마: "우리만의 단어 사전 만들어볼까? 먼저 단어 하나 골라봐."
아이: "'뿌듯하다!'"
엄마: "좋아. 그럼, '뿌듯하다'의 뜻을 네 말로 설명해 줄래?"
아이: "뭔가 잘했을 때 기분 좋은 거야."
엄마: "정확하다. 그럼, 예문도 하나 적어볼까?"
아이: "나는 그림을 잘 그려서 뿌듯했다!"
엄마: "우리만의 감정 단어 사전이 점점 풍성해지네~"

놀이 응용

- **단어마다 그림 그리기**
  '꿈' → 눈 감은 사람 + 구름
- **감정 단어만 모아 감정 사전 만들기**
  '기쁘다', '뿌듯하다', '설렌다'
- **가족끼리 단어 정의 비교하기**
  '집' → 아이: "장난감 있는 곳", 엄마: "따뜻한 곳"

엄마를 위한 팁

- "사전은 꼭 똑같지 않아도 돼."라고 말해주며 자유롭게 써보게 해주세요.
- 그림을 그리고 글을 함께 써보는게 아이에게 가장 쉬운 시작이에요.

낱말 숨은 그림 찾기

12

놀이 목적

낱말 속에 또 다른 단어가 있다는 걸 발견하면서 관찰력과 어휘 확장력을 길러요.

놀이 방법

하나의 단어를 제시하고, 그 안에 숨어있는 짧은 단어를 찾아요.

예: "바나나" → "나나", "바나"

음절 단위로 보거나, 철자 단위로 보는 시선 모두 열어주세요.

예시 대화

엄마: "'고구마' 안에는 어떤 말들이 들어 있을까?"

아이: "'마' 있어! 또… '구마'? 이상한데!"

엄마: "푸하하~ 맞아, '고'도 있고, '마'도 있지. 이번엔 '호랑이'는 어때?"

아이: "'랑이'가 귀엽다~"

엄마: "좋아, 그럼 이번엔 '바나나' 가지고 우리만의 새로운 단어 만들어보자. '바나나파
티!' 어때?"

아이: "바나나 춤도 있어!"

엄마: "좋다~ 단어 속에서 새 단어를 만드는 마법 같은 놀이야!"

놀이 응용

- 이름 속 낱말 찾기

  "이현경" → "이", "현", "경" / "현" → "현미경"에도 있어!

- 조합 바꾸기 놀이

  "가방" → "방가!", "방가방가~" 말 만들기 놀이 연결

엄마를 위한 팁

- 아이가 자유롭게 말해볼 수 있도록 정답보다 창의적인 시선을 격려해 주세요.
- 글자 조각을 자석이나 카드로 만들어보면 손으로 조작하며 감각을 더 익힐 수 있어요.

단어 바꾸기 배틀

13

놀이 목적

비슷한 의미의 말을 바꿔보며 어휘의 다양성과 유연한 사고를 키워요.

놀이 방법

하나의 단어를 말하면, 서로 다른 말로 바꿔서 표현해 보는 대결을 해요.

예: "슬프다" → "눈물 나", "속상해", "우울해"

느낌이 비슷하면 무엇이든 OK!

예시 대화

엄마: "엄마가 먼저 문장을 말할게. '나는 물을 마셨어요.' 자, '물'을 바꿔서 말해봐."

아이: "나는 주스를 마셨어요!"

엄마: "좋아~ 이번엔 '마셨어요'를 바꿔볼래?"

아이: "나는 주스를 들이켰어요!"

엄마: "이야~ 단어 하나만 바꿔도 문장이 확 달라지네. 다음 라운드는 누가 더 웃긴 문장 만들지 대결이다~"

놀이 응용

- **장면 바꾸기 놀이**

  "밥 먹는다." → "냠냠!", "식사 중이에요.", "한입 먹었어!"

- **동화 문장 바꾸기**

  "늑대가 무서웠어요." → "늑대가 째려봤어요.", "으르렁거렸어요."

엄마를 위한 팁

- 같은 의미라도 아이가 다른 말로 표현하면 "우와~ 다른 말도 있네!" 하며 언어의 폭을 넓혀주세요.
- 감정 어휘 확장에도 매우 효과적이에요. '화났다'가 표현의 전부가 아니라는 걸 자연스럽게 느끼게 돼요.

14

단어로
그림 그리기

놀이 목적

단어에서 떠오르는 이미지를 표현하며 상상력과 언어 시각화를 경험해요.

놀이 방법

하나의 단어를 주고, 그 단어를 그림으로 표현해요.
단어는 구체적일 수도, 추상적일 수도 있어요.
예: "용기" → 방패 든 아이 / "달콤한" → 사탕 무지개
아이의 해석을 자유롭게 표현하게 해주세요.

예시 대화

엄마: "여기 있는 단어 중 하나 골라서 그림 그려볼래? '폭죽', '구름', '달팽이' 중에 골라
봐."
아이: "달팽이! 이건 눈도 그려줘야 해~"
엄마: "좋아, 달팽이 그리고 어떤 느낌으로 표현하고 싶어?"
아이: "느릿느릿~ 기어가는 모습처럼!"
엄마: "이야~ 단어에서 떠오른 이미지를 잘 담았네. 이번엔 내가 단어 고를게!"

엄마 한마디

"단어를 그릴 수 있다는 건, 상상이 자란다는 뜻이야."

놀이가 자라는 한 문장

보이지 않는 말도, 마음속에서는 그릴 수 있어요.

놀이 응용

- 그림을 보고 단어 맞추기 역방향 놀이
  아이 그림을 보고 엄마가 단어 추측하기
- '감정 단어'만 골라서 감정 풍경 그리기
  '뿌듯해' → 하늘 위로 올라가는 기분
- 단어 두 개 조합 그림
  '바다+포옹' → 바닷물에 꺼안긴 돌고래

엄마를 위한 팁

- 아이의 그림에는 말 못 한 마음이 담겨 있어요. 단어만큼 그림에도 귀를 기울여 주세요.
- 추상어를 그려보게 하면, 단어를 감정이나 상황과 연결하는 힘이 자라요.

감정 색깔 단어 놀이

놀이 목적

감정을 색깔과 연결하면서 말에 감각과 감정을 함께 담아 표현해요.

놀이 방법

감정을 색으로 표현해 보고, 그 색에 어울리는 단어도 말해요.
예: "기쁨은 무슨 색일까?" → "노란색!", "해님!"
색깔은 느낌 따라 말하면 돼요. 정답은 없어요.

예시 대화

엄마: "'기뻐요'는 무슨 색일까?"
아이: "노란색! 햇빛 같아서!"
엄마: "멋진 표현이다~ 그럼 '속상해요!'는?"
아이: "회색이요. 구름 낀 날 같아."
엄마: "와, 감정이 색으로 보이다니 예술가 같다!"

엄마 한마디

"감정에도 색깔이 있어. 너만의 색으로 말해도 돼."

놀이가 자라는 한 문장

색으로 말할 때, 감정은 더 선명하게 아이 마음에 머뭅니다.

놀이 응용

- **감정 색깔 팔레트 만들기**
  '화남: 빨강', '기쁨: 노랑', '슬픔: 파랑'
- **색깔 단어로 시 쓰기**
  "노란 기쁨이 나를 안아주었어."
- **그림에 감정 단어 붙이기**
  노을 사진 → '그리움', '포근함', '끝' 같은 말 붙여보기

엄마를 위한 팁

- 아이가 색을 감정에 연결할 때는 해석보다 공감을 먼저 해주세요.
- 색과 말이 연결되면 추상적인 감정을 쉽게 꺼낼 수 있어요.

부모의 연습장

부모의 연습장

나만의 단어 랭킹쇼

16

놀이 목적

감정 단어를 스스로 분류하고 순위를 매겨보며 감정 어휘에 대한 인식과 자기 이해를 높입니다.

놀이 방법

다양한 감정 단어를 떠올리거나 카드로 보여줘요.

"내가 자주 느끼는 감정 TOP 3", "좋아하는 감정 TOP 3", "싫어하는 감정 TOP 3" 등을 뽑아 랭킹쇼를 열어요.

감정마다 이유를 말해보고, 상황 예시를 함께 붙여보세요. 랭킹을 바꾸어 보는 놀이도 해보세요! 오늘은 다르게 느껴질 수도 있어요.

예시 대화

엄마: "요즘 너 자주 느끼는 감정 3개를 고른다면 뭐가 있을까?"

아이: "음... 기뻐, 신나, 귀찮아."

엄마: "귀찮아가 들어간 이유는 뭐야?"

아이: "학교 갈 때 가방 싸는 게 귀찮아!"

엄마: "그렇구나~ 그럼 기뻤던 순간은?"

아이: "친구랑 뛰어놀 때!"

엄마 한마디

"감정 랭킹이 있다는 것만으로도 마음을 한 번 더 들여다보게 돼."

놀이가 자라는 한 문장

감정 단어를 정리할수록, 아이의 마음도 함께 정돈됩니다.

놀이 응용

- **감정별 상황 붙이기**

  고른 감정마다 "언제 그렇게 느꼈는지" 상황을 함께 정리해요.
- **감정 스티커 랭킹보드 만들기**

  큰 종이에 랭킹 보드를 그리고, 감정 스티커를 붙이며 시각화해 보세요.
- **한 주의 감정 랭킹 일기 쓰기**

  하루에 한 번씩 오늘의 기분을 기록하고, 주말에 TOP 3를 뽑아봐요.

엄마를 위한 팁

- 랭킹이 바뀌는 걸 자연스럽게 받아들여 주세요. 감정은 유동적인 게 정상이에요.
- 아이가 싫은 감정도 이야기할 수 있도록 공감으로 받아주세요.

몸으로 말하는 단어

17

놀이 목적

단어에 동작을 연결해 표현력과 몸–말의 통합 감각을 길러요.

놀이 방법

하나의 단어를 몸짓으로 표현해요. 상대방은 그 단어를 맞혀요.

예: "무서워" → 몸을 움츠리며 눈을 가리기

말은 하지 않고, 오직 몸으로만 표현하는 게 포인트!

예시 대화

엄마: "이번엔 말 안 하고 몸으로 단어를 표현해 볼까? '화났어', 어떻게 표현하지?"

아이: (팔짱 끼고 인상 찌푸리며) "이렇게!"

엄마: "우와, 완전 화난 표정이다! 그럼 '신났어'는?"

아이: (팔을 흔들며 점프) "짜잔~ 이렇게!"

엄마: "몸으로 말하니까 감정이 확 느껴져~"

놀이 응용

- **감정 동작 표현하기**
  '짜증 나', '떨려', '부끄러워' 등을 표정+몸으로

- **단어 카드 뽑고 무언극**
  카드에 '무서워', '피곤해' 등을 적어서 한 장씩 뽑아 표현

- **"이 단어는 어떤 소리일까?" 효과음 추가해 보기**
  '기대돼' → 움찔 + "오오~!"

엄마를 위한 팁

- 아이가 말보다 몸으로 표현하기 편할 때가 있어요. 특히 감정을 말로 설명하기 어려운 아이들에게 좋은 접근이에요.
- 동작을 따라 하며 "그 기분 알 것 같아!"라고 말해주는 것만으로도 큰 공감이 됩니다.

18

엉뚱한 단어 발명소

놀이 목적

단어를 창의적으로 조합하며 언어에 대한 유연성과 유머 감각을 키워요.

놀이 방법

두 단어를 붙여 새로운 '이상한 단어'를 만들어요.

예: '솜사탕' + '기차' → "솜차!"

말이 안 돼도 괜찮아요! 웃기고 엉뚱한 게 핵심이에요.

예시 대화

엄마: "새로운 단어를 만들어볼까? '방울'이랑 '코끼리'를 붙이면?"

아이: "방끼리! 아니면 코울? 푸하하!"

엄마: "코울은 귀엽다~ 그럼 어떤 동물이야?"

아이: "코끼리처럼 큰데 방울소리 내는 동물!"

엄마: "우와~ 단어 하나로 새로운 상상이 열렸네!"

놀이 응용

- **단어 조합으로 이야기 만들기**

  '사자+시간' → "기차시간에 늦은 사자가 정신없이 뛰었어요!"
- **이상한 단어 그리기**

  '물티슈+고래' → 고래가 물티슈처럼 펼쳐짐
- **가족 이름 합쳐보기**

  '수민+동헌' → '수헌!' → 특별한 가족 캐릭터 만들기

엄마를 위한 팁

- 말이 안 되어도 돼요. 언어에 대한 즐거운 감각이 자라면 그게 최고의 준비예요.
- 아이가 만든 이상한 단어에도 무조건 "와~ 진짜 재밌다!" 하고 반응해 주세요. 말의 자신 감이 높아집니다.

마음의 꼬리표 붙이기 19

놀이 목적

감정의 원인을 탐색해 보며, 말로 표현하기 어려운 마음의 배경을 인식하고 표현해 보는 연습입니다.

놀이 방법

아이가 최근에 느꼈던 감정을 하나 골라요.
그 감정에 꼬리표를 붙여보는 거예요. "왜 그런 기분이 들었을까?"를 함께 탐색해요.
감정 하나에 여러 이유(꼬리표)를 달아도 좋아요.
감정은 단순하지 않다는 걸 느끼게 해주세요.

예시 대화

엄마: "어제저녁에 기분이 안 좋아 보였는데, 어떤 감정이었어?"
아이: "음... 속상했어."
엄마: "속상함 뒤에 어떤 일이 있었던 걸까?"
아이: "내가 이야기할 때 아빠가 안 들어줘서."
엄마: "아~ 그래서 속상한 감정에 '무시당한 느낌'이라는 꼬리표를 붙일 수 있겠네."
아이: "응. 그리고 '말할 기회를 못 얻은 느낌'도 있어."

엄마 한마디

"감정에 이름을 붙이고 이유를 찾아보는 건
마음속 정리를 시작하는 일이야."

놀이가 자라는 한 문장

'감정의 꼬리표를 붙이면, 마음이 조금 더 가벼워져요.'

놀이 응용

- **감정 꼬리표 카드 만들기**
  감정 이름과 이유를 함께 쓰는 꼬리표 카드를 만들어 마음 일기를 써보세요.
- **한 감정, 여러 꼬리표 찾기**
  '화남'이라는 감정에 "혼났을 때", "오해받았을 때", "배고플 때" 등 다양한 꼬리표를 달아
  보세요.
- **부모의 감정도 꼬리표 붙이기**
  엄마, 아빠도 자신의 감정에 꼬리표를 붙여 말해보는 모습을 보여주세요.

엄마를 위한 팁

- 감정의 이유를 말할 수 있게 되면, 아이는 억눌림보다는 '이해받음'을 먼저 느껴요.
- 분노, 슬픔처럼 불편한 감정도 탐색의 대상이 될 수 있어요.

20

낯선 단어로 짧은 시 쓰기

놀이 목적

처음 듣는 단어에도 상상력과 감각을 더해 새로운 언어 감각을 기릅니다.

놀이 방법

조금 낯설거나 평소 잘 안 쓰는 단어를 하나 골라, 짧은 시를 만들어요.
예: '희미하다', '깃들다', '기적' 등
뜻을 정확히 몰라도 괜찮아요. 떠오르는 느낌을 말로 표현해 보는 것이 핵심이에요.

예시 대화

엄마: "오늘의 단어는 '아른아른'이야. 이 말 들으니까 어떤 장면이 떠올라?"

아이: "음… 햇빛이 눈에 들어올 때, 이렇게… 반짝이는 느낌?"

엄마: "오~ 눈이 살짝 감길 때 보이는 무지갯빛 같은 거?"

아이: "맞아! 꿈이 깨어날 때도 약간 그런 느낌 나."

엄마: "그럼, 그 느낌을 시로 만들어볼까?"

아이: "'응! 내가 먼저! 햇빛이 눈에 들어왔어…'"

엄마: "'아른아른 꿈이 깨어났어…'"

아이: "'창문이 반짝이고, 내 마음도 반짝였어.'"

엄마: "너무 멋지다… 이건 꼭 적어둬야겠는걸?"

놀이 응용

• 시 대신 짧은 광고 문구 만들기

"으스스~한 바람이 찾아왔다! 오늘 저녁엔 따뜻한 수프!"처럼 창의 표현으로 전환해 보세요.

• 단어 + 그림으로 시 완성하기

단어를 듣고 연상되는 장면을 그림으로 그리고, 그 위에 시를 써서 말 그림책처럼 만들어 보세요.

엄마를 위한 팁

• 낯선 단어를 꺼낼 땐 엄마도 같이 "이 단어 좀 신기하지 않아?" 식의 느낌을 주세요.

• 시는 정답이 없다는 걸 꾸준히 말해주세요. 단어를 자유롭게 다루는 연습이 훗날 표현력의 씨앗이 됩니다.

부모의 연습장

부모의 연습장

2부
문장으로 노는 아이

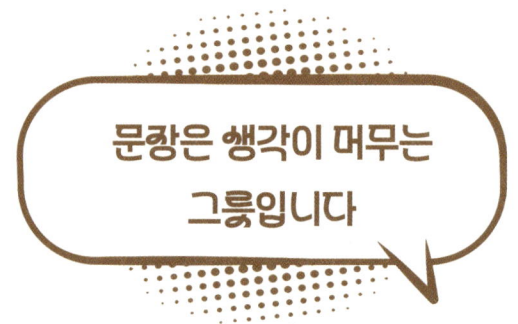

문장은 생각이 머무는
그릇입니다

문장은 생각이 머무는 그릇입니다.
말은 단어로 시작되지만, 문장으로 이어질 때 마음에 와닿습니다.

"화났어." 대신 "내가 먼저 말했는데, 친구가 무시해서 속상했어."라고 말할 수 있을 때, 아이는 감정을 단어 너머로 풀어낼 수 있게 됩니다.

문장은 단어와 단어를 연결하는 줄이자, 감정과 생각을 담는 첫 그릇이에요.

아이의 문장은 처음엔 짧고 엉성하지만, 한 문장, 한 문장 연결해 보며 세상에 대한 설명도, 자신에 대한 표현도 자라납니다.

"문장을 만들 줄 안다는 건, 내 마음을 설명할 줄 안다는 뜻이에요."

문장 말놀이
안내문

문장 말놀이는 '무슨 말을 할까'에서 '어떻게 말할까'를 연습할 수 있게 도와줍니다.

문장 말놀이의 핵심은 '틀을 주되 정답은 없는 구조'예요.
아이가 맘껏 상상하며 이어 말하도록 여지를 주세요.
'시작 → 넓힘 → 깊이' 단계로 아이의 말문이 문장으로 이어지도록 도와주세요.

문장 말놀이, 이렇게 해보세요.

완성된 문장보다 아이의 말 흐름을 기다려주세요.
아이의 말에 문장을 덧붙이며 확장해 보세요.
같은 문장도 다양한 상황에서 반복하면 아이가 더 풍부하게 익혀요.

놀이 중 이렇게 말해보세요

"그 다음엔 어떻게 됐을까?"
"정답은 없어. 좀 더 솔직하게 말해도 괜찮아."
"엄마 문장도 들려줄게. 들어볼래?"

말풍선
만들기

1

놀이 목적

그림 속 인물이나 동물의 말풍선을 만들며 문장의 구조와 대화 감각을 키워요.

놀이 방법

그림을 보여주고, 등장인물이 말할 법한 문장을 말풍선으로 만들어보아요.

예: 고양이 그림 → "이건 내 자리야!"

문장 길이보다 말투와 상황이 어울리는 문장을 만드는 게 핵심이에요.

예시 대화

엄마: "이 사람 말풍선엔 무슨 말이 들어갈까?"

아이: "음… '안녕! 놀자~'라고 했을 것 같아!"

엄마: "왜 그렇게 생각했어?"

아이: "손을 흔들고 있잖아. 놀자고 말하는 것 같아."

엄마: "그럼 이 그림은? 팔짱 끼고 눈을 찡그렸네?"

아이: "음… '나 화났어!'라고 하는 중!"

엄마: "우와~ 표정이랑 몸짓만 보고도 말이 떠오르네!"

엄마 한마디

"마음속 말을 가만히 문장으로 꺼내보는 거야."

놀이가 자라는 한 문장

문장은 상황을 상상하고, 정을 담는 그릇이에요.

놀이 응용

- **말풍선 그림책 만들기**
  여러 장의 캐릭터 그림(동물, 사람, 로봇 등)에 아이가 직접 말풍선을 그려 넣어요.
- **감정 표현 말풍선 놀이**
  같은 그림을 두고 "화났을 때는 어떻게 말할까?", "기쁠 때는 뭐라고 말할까?"처럼 감정에
  따라 말풍선 속 문장을 바꿔보게 해요.
- **역할 바꿔 말풍선**
  아이가 만든 말풍선 문장을 엄마가 읽고, 엄마가 만든 문장은 아이가 읽어보게 해요.

엄마를 위한 팁

- 문법보다 아이의 표현을 우선하세요. 어색해도 그게 말의 시작이에요.
- 같은 문장도 기쁘게, 화나게, 궁금하게 읽어보며 말의 억양과 감정을 함께 느껴보게 해주
  세요. 표현력도 자연스럽게 자라요.

2

대화 문장 바꾸기

놀이 목적

같은 상황에서도 다양한 표현이 가능하다는 걸 익히며 문장 감각을 유연하게 키워요.

놀이 방법

하나의 문장을 제시하고, 그것과 비슷한 뜻을 가진 다른 문장으로 바꿔보아요.

예: "안녕?" → "잘 지냈어?", "왔구나!", "오랜만이야~"

같은 말도 말투, 어투, 상황에 따라 다양하게 바뀔 수 있음을 경험하게 해주세요.

예시 대화

엄마: "'안녕, 잘 지냈어?'라는 문장을 다른 말로 바꾸면 뭐라고 할 수 있을까?"

아이: "음… 오랜만이야! 뭐 하고 있었어?"

엄마: "오~ 그런 말도 반가운 마음이 느껴지네! 이번엔 '화났어'라는 말을 다르게 말해볼까?"

아이: "나 지금 진짜 짜증 나!"

엄마: "그래, 그렇게 바꿀 수도 있지. 그럼, 조금 더 부드럽게는?"

아이: "나 기분이 좀 안 좋아…"

엄마: "좋아! 말투만 달라져도 느낌이 달라지네. 그럼 '배고파'는?"

아이: "이제 뭐 좀 먹어야겠다!"

엄마 한마디

"같은 말도 다르게 말할 수 있어. 그게 문장의 마법이야."

놀이가 자라는 한 문장

다양한 표현은 더 넓은 대화를 만듭니다.

놀이 응용

- 그림책 속 대사 바꾸기

  원래 말 대신 자기 버전으로 말해보기
- 감정 바꿔 말하기

  "미안해요." → "정말 후회돼요.", "괜찮아?"
- 엄마-아이 문장 이어 말하기

  엄마가 말하면 아이가 바꿔서 받아치기

엄마를 위한 팁

- 표현이 다양해질수록 아이의 말문이 열려요.
- 말투, 어조, 느낌까지 함께 바꿔보면 문장이 입에 더 잘 붙어요.

짧은 문장 vs
긴 문장

놀이 목적

문장을 짧게 또는 길게 바꾸며 문장 구성력을 키우고 생각을 덧붙이는 연습을 해요.

놀이 방법

짧은 문장을 길게 바꾸거나, 긴 문장을 짧게 줄여보아요.

예: "나는 밥을 먹는다." → "나는 아주 배가 고파서 밥을 먹는다."

또는 반대로 줄이기!

불필요한 말은 덜어내고, 필요한 말은 붙이는 감각을 익혀요.

예시 대화

엄마: "'나는 밥을 먹었어.' 이 문장을 더 길게 바꿔볼 수 있을까?"

아이: "'나는 점심시간에 엄마랑 맛있는 밥을 먹었어!'"

엄마: "오~ 훨씬 풍성해졌는데? 그럼 짧게는?"

아이: "그냥 '밥 먹었어!' 하면 되지."

엄마: "맞아. 같은 말도 길거나 짧게 표현할 수 있어."

아이: "나는 가끔 귀찮아서 짧게 말해."

엄마: "하하, 그럴 수도 있지!"

놀이 응용

- 그림 속 상황을 짧게/길게 설명하기

  "강아지가 잔다." → "작은 강아지가 따뜻한 담요 위에서 졸고 있다."

- 엄마 문장 아이가 줄이기

  "나는 오늘 유치원에서 친구랑 놀다가 넘어졌어!" → "놀다가 넘어졌어!"

- 타이머 설정해서 10초 안에 문장 바꾸기 놀이

엄마를 위한 팁

- 긴 문장을 만들 때는 "어디에서?", "왜?", "어떻게?" 질문을 던져주세요.

- 짧은 문장은 꼭 글자 수보다는 핵심만 남기는 감각을 길러주는 게 중요해요.

말 일콩!
문장 채우기
게임
④

놀이 목적

문장에서 빠진 단어를 추리하며 문장 구조 감각과 어휘력을 함께 키워요.

놀이 방법

문장에서 단어 하나를 일부러 뺀 뒤, 빈칸에 어떤 말이 들어갈지 맞혀봐요.
예: "나는 〔 〕을 먹었어요." → "사과!", "김밥!", "도넛!"
정답은 없어요. 자연스럽고 재미있게 이어지면 OK!

예시 대화

엄마: "'나는 ○○을 타고 학교에 갔어요.' ○○에 뭐가 들어갈까?"
아이: "'자전거!'"
엄마: "좋아! 다시 말해볼까?"
아이: "'나는 자전거를 타고 학교에 갔어요!'"
엄마: "정답~ 그럼 이번엔 '나는 ○○에서 책을 읽었어요.'"
아이: "'도서관!'"
엄마: "오, 아주 잘하네! 말이 쏙쏙 들어가네~"

놀이가 자라는 한 문장

빈칸을 채우며 말의 구조와 재미를 함께 느낍니다.

놀이 응용

- 엉뚱한 단어만 넣기

"나는 ___를 탔다." → '나뭇잎', '아이스크림' 등

- 말 실종 이어쓰기

아이와 번갈아 가며 빈칸 문장을 채우고, 그것들을 이어서 짧은 이야기를 완성해요.

"어느 날 ___가 나타났어요."- "그 친구는 ___를 좋아했대요."

엄마를 위한 팁

- 아이가 엉뚱한 단어를 말해도 격려해 주세요. 문장은 놀이이자 상상이니까요.
- 실종된 단어를 통해 문장 구조도 자연스럽게 익힐 수 있어요.

5

그림 설명 문장 만들기

놀이 목적

그림 속 정보를 말로 표현하면서 관찰력과 묘사 능력을 키워요.

놀이 방법

그림이나 사진을 보고, 그 장면을 최대한 구체적인 문장으로 설명해 보아요.
예: "소녀가 거대한 나무 밑에서 두꺼운 책을 읽고 있어요."
문장 길이보다 '상황을 말로 옮기는 감각'에 집중해요.

예시 대화

엄마: "이 그림에 대해 문장으로 설명해 볼까?"
아이: "아이가 곱슬 강아지랑 뛰어놀고 있어요!"
엄마: "그림만 보고도 잘 말했네~"
아이: "꼬리를 보니 강아지가 너무 신나 보여!"
엄마: "그러면 이 그림은? 아이가 넘어졌네."
아이: "'아이의 무릎이 빨간 걸 보니 아파 보여요. 울고 있는 것 같아요.'"
엄마: "그림 속 이야기를 말로 잘 풀어냈네~"

엄마 한마디

"보는 것을 문장으로 말하면 세상이 더 선명해져."

놀이가 자라는 한 문장

문장은 관찰한 것을 말로 다시 그리는 도구입니다.

놀이 응용

- **5초 보고 설명하기**

  5초간 그림 보고 눈 감고 떠오른 문장 말하기
- **이상한 상황 만들어보기**

  "이 사람의 표정이 무언가 이상해 보이는데? 왜 그럴까?"
- **상황 바꾸기**

  "이 장면이 밤이었다면 어떤 문장이 될까?"

엄마를 위한 팁

- 아이마다 보는 포인트가 달라요. "왜 그렇게 봤어?"라고 묻는 순간, 아이의 생각 흐름이 드러나요.
- 오늘은 사물 중심, 내일은 감정 중심 등 관점을 바꾸며 문장을 다양하게 만들어보세요.

부모의 연습장

부모의 연습장

따라 해봐요!
문장 복사 놀이

6

놀이 목적

다른 사람의 문장을 따라 말하며 말의 리듬, 순서, 구조를 익혀요.

놀이 방법

엄마가 문장을 말하면, 아이가 똑같이 따라 말해요.

말을 듣고 기억하며 문장을 복사하는 놀이예요.

예: "오늘은 정말 신나는 일이 있었어요!"

점 문장을 길게 하거나 속도를 조절해도 재미있어요.

예시 대화

엄마: "내가 말하는 문장을 똑같이 따라 말해볼래?"

아이: "응!"

엄마: "하늘에 구름이 둥둥 떠 있어요."

아이: "하늘에 구름이 둥둥 떠 있어요."

엄마: "이번엔 좀 더 길게! '나는 오늘 아침에 토스트를 먹고 우유를 마셨어요.'"

아이: "나는 오늘 아침에… 토… 토스트를 먹고 우유를 마셨어요!"

엄마: "우와~ 완벽했어! 진짜 뉴스 아나운서처럼 또박또박 말했어!"

엄마 한마디

"말을 잘 듣는 것도 말을 잘하게 하는 연습이야."

놀이가 자라는 한 문장

문장을 귀로 듣고 따라 하면서 말의 구조가 머릿속에 자리 잡아요.

놀이 응용

- 속도 바꾸기

  천천히 → 빠르게 → 느리게 복사해 보기
- 리듬 붙여서 문장 따라 하기

  박수 치며 말하기, 노래처럼 따라 하기
- 아이가 문장을 만들고 엄마가 복사하기

  역할 바꿔보기로 주도성 키우기

엄마를 위한 팁

- 문장을 반복하면 자연스럽게 말의 패턴과 순서가 익혀져요.
- 처음부터 긴 문장을 하지 말고, 아이가 같은 실수를 하더라도 "아~ 거의 맞았어!" 하며 가볍게 넘어가 주세요.

표정 붙이기 챌린지 7

놀이 목적

문장과 표정이 함께 어우러질 때, 언어의 표현력과 공감 감각을 길러요.

놀이 방법

문장을 말하고, 그에 어울리는 표정을 지어요.

예: "진짜 신기하다!" → 눈을 동그랗게 뜨고 놀란 표정

거울을 보고 따라 해도 좋고, 엄마가 표정을 먼저 지어줘도 좋아요.

예시 대화

엄마: "'나는 혼자였어요.' 이 문장에는 어떤 표정이 어울릴까?"

아이: "음… 찡그린 얼굴? 슬픈 표정!"

엄마: "그럼 '나는 아이스크림을 먹었어요!'는?"

아이 "활짝 웃는 얼굴이지! 맛있고 행복하니까~"

엄마: "'나는 넘어졌어요.'는?"

아이: "으악! 놀란 얼굴!"

엄마: "말을 들으면 표정도 같이 떠오르지?"

엄마 한마디

"얼굴로도 문장을 말할 수 있다니 재밌지?"

놀이가 자라는 한 문장

표정은 문장의 또 다른 언어예요.

놀이 응용

• 거울 앞에서 문장+표정 따라 하기
• 그림 속 표정 보고 문장 만들기
• 감정 맞히기 퀴즈
  예: 엄마가 말+표정을 하고, 아이가 "이건 무슨 기분일까?" 맞히기

엄마를 위한 팁

• 표현이 서툰 아이일수록 몸과 얼굴을 활용한 말놀이가 효과적이에요.
• 거울 앞에서 장난처럼 시작하면 금세 몰입해요.

기분 따라 말 달라요 (8)

놀이 목적

문장에 감정을 담아 말하며 표현력과 감정 이해력을 키워요.

놀이 방법

같은 문장을 여러 감정으로 말해보아요.

예: "나 왔어!" → 신나게, 슬프게, 화나게, 수줍게

말투, 표정, 몸짓이 바뀌면 말의 분위기도 달라져요.

예시 대화

엄마: "'나는 늦잠을 잤어요.' 이 문장을 화난 듯이 말하면 어떻게 돼?"

아이: "'나는 늦잠을 잤어요!! 완전 늦었단 말이야!'"

엄마: "그럼, 기쁘게 말하면?"

아이: "'나는 늦잠을 잤어요~ 하하 너무 개운해!'"

엄마: "슬프게는?"

아이: "'나는... 늦잠을 잤어요... 흐흑.'"

엄마: "와~ 같은 문장인데 기분 따라 느낌이 확 달라지네!"

엄마 한마디

"감정을 담으면 같은 문장도 완전히 다르게 전달될 수 있어."

놀이가 자라는 한 문장

문장은 마음을 담을수록 더 풍부해집니다.

놀이 응용

- 감정 카드를 먼저 뽑고 말하기
    카드: '신남', '화남', '걱정', '기쁨'
- 상황 바꾸기 (시간, 장소 등)
    "같은 말인데 아침에 말하면? 밤에 말하면?"
- 아이가 먼저 말하고, 엄마가 감정 맞히기

엄마를 위한 팁

- 어색해도 괜찮아요. 엄마가 먼저 과장되게 시범을 보여주면 금세 따라와요.
- 감정 표현은 사회성, 공감력과도 깊이 연결돼요. 놀이처럼 연습해 보는 게 좋아요.

주인공 바꿔 말하기

놀이 목적

같은 상황을 다른 인물의 시선으로 말해보며, 문장의 관점과 흐름을 유연하게 바꾸는 능력을 기릅니다.

놀이 방법

간단한 상황을 정한 후, 동생 → 장난감 → 엄마 등 다른 인물 시점으로 문장을 바꿔 말해요. 시점이 달라지면서 단어와 감정이 어떻게 바뀌는지 이야기해 봐요.

예:　　나: "동생이 내 장난감을 망가뜨렸어요."

동생: "나는 그냥 만졌는데 장난감이 부서졌어요."

장난감: "나 너무 아파요. 조심해 줘요."

엄마: "서로 마음 상하지 않게 말해보자."

예시 대화

엄마: "네가 먼저 말해볼래? 어떤 일이 있었는지?"

아이: "동생이 내 자동차를 던져서 망가졌어!"

엄마: "이번엔 동생 입장에서 말해보면 어때?"

아이: "난 그냥 멋지게 날려보고 싶었을 뿐인데…"

엄마: "이번엔 자동차가 말한다면 뭐라고 했을까?"

아이: "으악~ 너무 무서웠어요!"

엄마 한마디

"같은 상황도 바라보는 눈에 따라 전혀 다른 이야기가 되곤 해."

놀이가 자라는 한 문장

문장은 내가 보는 세상을, 내가 느끼는 방식으로 보여주는 도구예요.

놀이 응용

- 동화책 인물로 해보기: 동화 속 인물 시점 바꿔 말하기
- 하루 일과 바꿔보기: 엄마 vs 아이의 하루, 시점 바꿔 말해보기
- 동물이나 사물 시점으로 말하기: 예: 침대, 컵, 가방의 입장

엄마를 위한 팁

- 시점을 바꾸면 자연스럽게 다른 사람의 마음을 상상하게 돼요.
- '누구 입장에서 말해볼까?' 질문 하나로, 공감력과 문장 표현력을 함께 키워줄 수 있어요.

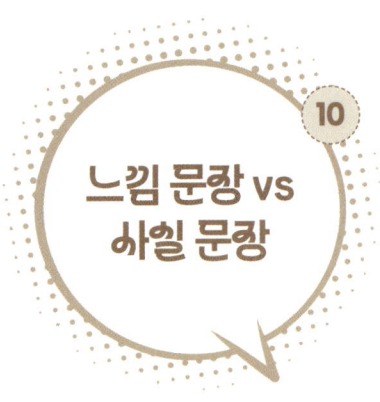

느낌 문장 vs
사실 문장

놀이 목적

느낌과 사실을 구분하며 말의 성격을 이해하고, 표현 방식을 넓혀요.

놀이 방법

문장을 보고 느낌인지 사실인지 구분하거나, 같은 상황을 두 가지 문장으로 바꿔봐요.
예: "하늘이 파랗다." (사실) vs "하늘이 기분 좋아 보여." (느낌)
아이의 해석에 따라 둘 다 될 수 있다는 걸 열어두는 게 포인트예요.

예시 대화

엄마: "'오늘은 기분이 꿀꿀해.' 이건 '느낌' 문장이야."
아이: "'오늘은 비가 와.'는 '사실' 문장이지?"
엄마: "맞아! 느낌 문장은 마음이고, 사실 문장은 진짜 일이야."
아이: "그럼 '엄마가 무서웠어.'는 느낌 문장이야?"
엄마: "응, 그때 느낀 감정이니까."
아이: "'엄마가 문을 닫았어.'는 사실 문장!"
엄마: "맞아! 정확해~"

놀이가 자라는 한 문장

사실과 느낌을 구분할수록, 말은 더 단단해지고 마음은 더 다정해집니다.

놀이 응용

- 하나의 그림을 느낌과 사실, 두 문장으로 표현하기
- 엄마가 문장을 말하면 아이가 '느낌/사실' 구분하기
- 감정+사실 섞인 문장 만들기
  "나는 밥을 먹었고, 그건 행복했어."

엄마를 위한 팁

- 느낌과 사실을 구분하는 힘은 나중에 글쓰기, 토론에서도 중요한 기반이 돼요.
- 정답을 정해두지 않고 아이의 관점을 들어주는 것이 핵심이에요.

부모의 연습장

11 상황 따라 문장 바꾸기

놀이 목적

같은 문장을 다양한 상황에 맞게 바꾸며 문장의 융통성과 표현력을 기른다.

놀이 방법

같은 문장을 여러 상황에 맞게 바꿔 말해보는 놀이예요.
예: "나는 공원에서 놀았어요." → "비 오는 날엔?" "겨울엔?"
아이의 상상에 따라 말이 어떻게 바뀌는지 들어보세요.
날씨, 계절, 장소, 기분 등을 바꿔가며 문장을 다양하게 만들어보는 게 포인트예요.

예시 대화

엄마: "나는 공원에서 놀았어요. 이건 언제일까?"
아이: "음, 봄날 오후 같아!"
엄마: "그럼, 겨울밤이라면 어떻게 바뀔까?"
아이: "나는 눈 오는 날 집에서 놀았어요!"
엄마: "오~ 아주 잘 바꿨네!"

엄마 한마디

"같은 말도 언제, 어디서 하느냐에 따라 느낌이 확 달라져."

놀이가 자라는 한 문장

말은 언제나 상황 속에 있어요.

놀이 응용

- 상황 카드(예: "여름", "밤", "비 오는 날")와 문장 카드를 나눠놓고 랜덤 조합
- 그림을 보고 상황 바꾸기

  예: 그림 하나 보여주고, 다른 계절로 바꿔 설명해 보기

엄마를 위한 팁

- 낯선 상황을 일부러 주면 더 창의적인 문장이 나올 수 있어요.
- 아이가 한 말을 꼭 따라 말해주고, "오~ 그렇게도 말할 수 있네!" 하고 반응해 주세요.

놀이 목적

문장의 순서를 바꿔보며 구조에 대한 감각과 의미의 변화를 경험해요.

놀이 방법

같은 단어로 문장의 순서를 바꿔서 말해봐요.
예: "강아지가 공을 물었어요." → "공을 강아지가 물었어요."
같은 말이라도 강조하는 느낌이나 흐름이 달라질 수 있어요.

예시 대화

엄마: "'나는 사과를 먹었어요.' 이 문장의 단어 순서를 바꾸면 어떻게 될까?"

아이: "'사과를 나는 먹었어요.' 어색해…"

엄마: "'나는 먹었어요, 사과를!' 이건 어때?"

아이: "약간 외국인 말투 같아~"

엄마: "그래도 뜻은 통하지?"

아이: "응! 근데 순서가 달라지면 느낌도 좀 달라져."

엄마: "맞아, 말은 순서도 중요하구나!"

엄마 한마디

"말 순서만 바꿨는데도 느낌이 달라지는 게 신기하지?"

놀이가 자라는 한 문장

문장은 단어의 퍼즐이에요. 순서만 바꿔도 새로워져요.

놀이 응용

- 강조하고 싶은 단어를 앞으로 옮기기

  "나는 피자를 정말 좋아해요!" → "피자를 나는 정말 좋아해요!"

- 엉뚱하게 섞은 문장에서 맞는 순서 찾기

  "먹었어요, 사과 나는" → "나는 사과 먹었어요."

엄마를 위한 팁

- 문장 순서 놀이를 하면 어순 감각도 키워져요.

- 이렇게 말하면 좀 이상하지?'라고 느끼는 순간이 중요한 언어 경험이에요.

"왜?"에
답하는
문장 만들기

13

놀이 목적

문장에 이유를 붙여 말하면서 설명력과 논리적 사고를 키워요.

놀이 방법

간단한 문장을 먼저 말한 뒤, "왜?"라고 물어보고 그에 맞는 이유를 붙여요.
　예: "나는 울었어요." → "왜?" → "장난감이 망가졌어요."
감정, 행동, 선택 등 어떤 것도 이유로 이어질 수 있어요.

예시 대화

엄마: "'나는 울었어요.' 왜 울었을까?"
아이: "'장난감이 부서졌어요.'"
엄마: "좋아! 이제 이유를 넣어서 한 문장으로 말해볼까?"
아이: "'장난감이 부서져서 나는 울었어요.'"
엄마: "멋지다! 훨씬 자세하고 친절한 문장이 됐어."
아이: "'동생이 내 그림을 찢어서'도 돼?"
엄마: "물론이지! 이유는 여러 가지가 될 수 있어."

엄마 한마디

"'왜?'에 답하는 건 내 생각을 말로 꺼내는 연습이야."

놀이가 자라는 한 문장

이유를 말할 수 있을 때, 비로소 내 진짜 생각을 말할 수 있어요.

놀이 응용

- '왜?' 대신 '어떻게?'로 바꿔보기
  "나는 선물을 샀어." → "어떻게?" → "문구점에 들렀지."
- 친구나 가족의 행동에 이유 붙여보기
  "형아가 웃고 있네." → "왜?" → "재밌는 장면을 봤나 봐."

엄마를 위한 팁

- 아이가 단답형으로 말하더라도 "그랬구나~ 또?" 하며 계속 대화해 주세요.
- 설명하는 문장은 나중에 글쓰기의 기반이 되기도 해요.

14

오늘 하루,
한 문장으로

놀이 목적

하루를 돌아보며 핵심 장면을 문장으로 정리하는 연습을 해요.

놀이 방법

"오늘 하루 어땠어?"를 하나의 문장으로 말해보아요.
  예: "나는 오늘 친구랑 싸우고 다시 화해했어요."
하루 중 인상 깊었던 한순간을 골라서 문장으로 만드는 게 포인트예요.

예시 대화

엄마: "오늘 하루를 한 문장으로 말해볼래?"
아이: "친구랑 놀다가 넘어졌지만 웃으면서 일어났어요!"
엄마: "우와~ 짧은데 오늘 하루가 다 들어있다."
아이: "근데 너무 아팠어. 무릎에 흙 묻었어."
엄마: "그래도 다시 웃었다는 게 멋져."
아이: "응! 그래서 이건 기분 좋은 문장이야."
엄마: "하루를 말로 정리하니까 뿌듯하지?"

엄마 한마디

"하루 중 한 장면을 꺼내 말하면 그게 오늘의 작은 기록이 되는 거야."

놀이가 자라는 한 문장

문장은 하루의 마음을 담아내는 일기예요.

놀이 응용

- '가장 웃긴 순간', '가장 아쉬운 순간'을 한 문장으로 말하기
- 하루의 기분을 단어 하나 + 문장 하나로 정리
  "단어 : 신남 / 문장: 친구랑 물총 놀이해서!"
- 매일 저녁 문장 하나 기록해 보기

엄마를 위한 팁

- 처음엔 아이가 "몰라!" 할 수 있어요. 그럴 땐 "제일 기억나는 장면은?" 하고 구체적으로 끌어주세요.
- 짧은 문장이어도 괜찮아요. 이 놀이가 하루를 마무리하는 '언어 루틴'이 되면 더 좋아요.

15

문장 이어 말하기

놀이 목적

문장을 연결하며 이야기 흐름을 익히고 상상력과 협동력을 키워요.

놀이 방법

엄마와 아이가 한 문장씩 번갈아 말하며 이야기를 이어가요.

예: "고양이가 산책을 나갔어요." → "그런데 길에서 개구리를 만났어요."

정해진 이야기 없이, 말로 즉석에서 이어가기!

예시 대화

엄마: "내가 문장 하나 시작할게. '오늘 아침에 눈을 떴더니…'"

아이: "'햇빛이 쨍쨍했어요.'"

엄마: "좋아, 그다음은?"

아이: "'그래서 나는 얼른 일어나 세수를 했어요.'"

엄마: "'그런데 갑자기…'"

아이: "'방 안에 토끼가 있었어요!'"

엄마: "푸하하! 이어 말하기 고수가 여기 있네~"

엄마 한마디

"우리만의 말로 만든 이야기야. 처음 보는 줄거리지?"

놀이가 자라는 한 문장

말이 이어질수록 이야기가 되고, 우리만의 의미가 생겨요.

놀이 응용

- 단어 카드 3개 뽑아서 그걸 꼭 포함해 이어 말하기
- 끝말을 이어서 다음 문장 시작하기
- 가족 전체가 돌아가며 이야기 만들기

엄마를 위한 팁

- 말이 중간에 막혀도 "어떻게 됐을까?" 하고 자연스럽게 끌어주세요.
- 이야기를 마무리하지 않아도 괜찮아요. 열린 결말도 아이의 창의력이에요.

부모의 연습장

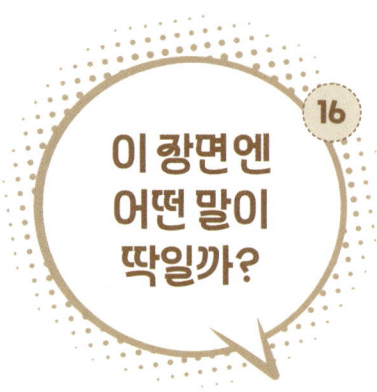

이 장면엔 어떤 말이 딱일까?

놀이 목적

이야기 흐름을 이해하고, 상황에 어울리는 문장을 선택하거나 창작하는 능력을 기릅니다.

놀이 방법

이야기를 들려주고, 중간에 멈춰서 "이 장면에 어울리는 문장은 뭐가 있을까?" 물어봐요. 스토리와 문장을 연결하는 힘을 키워줘요.

예시 대화

엄마: "이 장면엔 어떤 문장이 어울릴까?" (웃는 가족사진)

아이: "'가족이 함께 소풍을 갔어요!'"

엄마: "좋아~ 그럼 이건?" (아이 혼자 창밖을 보는 그림)

아이: "'친구가 놀러 오기로 했는데 안 왔어요…'"

엄마: "분위기를 잘 읽었네!"

아이: "'기다리는 기분이 느껴졌어.'"

엄마: "말로 그림을 표현하니까 상상이 더 풍성해진다~"

엄마 한마디

"어떤 말이 제일 잘 어울릴까? 고민하는 게 말 공부야."

놀이가 자라는 한 문장

한 문장이 이야기를 만들고, 이야기가 마음을 움직여요.

놀이 응용

- 같은 이야기에 어울릴만한 다른 문장 만들어보기

  예: "무서운 소리가 들렸다." 대신 "누군가 뒤에서 살금살금 다가왔다."

- 반대 이야기 만들기

  예: 감동적인 장면에 일부러 엉뚱한 문장 붙여 웃으며 놀기

엄마를 위한 팁

- 정답이 없다는 걸 미리 알려주세요. 문장이 다양할수록 감각이 자라요.

- 아이가 만든 문장이 그림책 문장보다 더 멋질 수도 있어요!

역할극 문장 만들기

놀이 목적

상황에 따라 적절한 문장을 상상해 보고, 다양한 관점에서 말해보는 힘을 길러요.

놀이 방법

역할을 정하고 그 인물이 말할 법한 문장을 상상해 말해요.
예: "나는 지금 병원에 온 아이야. 뭐라고 말할까?" → "주사 아파요?"
엄마와 역할을 바꾸면 더 풍부한 말이 나와요.

예시 대화

엄마: "오늘은 '동물병원 선생님' 역할 해보자. 병원에 고양이가 왔어."
아이: "어디가 아픈가요, 고양이 씨?"
엄마: "(고양이 목소리로) 발을 삐었어요…"
아이: "앗! 얼른 엑스레이 찍어볼게요."
엄마: "이제 어떤 말을 하면 좋을까?"
아이: "조심해야 해요. 집에 가면 푹 쉬세요!"
엄마: "와~ 진짜 수의사 같아!"

놀이 응용

- 가족 역할극: 할머니, 아빠, 형 목소리로 문장 말하기
- 좋아하는 캐릭터 성격 따라 말투 바꿔보기
- 인형 등 장난감을 사용해 역할극 진행

엄마를 위한 팁

- 목소리를 바꾸거나 몸짓을 더해주면 몰입이 더 쉬워요.
- 역할 바꾸기(아이 → 엄마 역할)는 아이가 자신을 밖에서 보게 되는 좋은 연습이에요.

'그래서'
무슨 일이
생겼을까?

18

놀이 목적

문장 간의 인과 관계를 자연스럽게 이어보며 생각의 흐름을 언어로 표현하는 힘을 기릅니다.

놀이 방법

앞 문장을 말하고 "그래서?" 하고 이어 말하게 해요.
이유나 결과가 다양해도 괜찮아요. 말의 연결이 핵심이에요.

예시 대화

엄마: "내가 먼저 말할게. '나는 우산을 안 챙겼어.'"
아이: "그래서 옷이 다 젖었어!"
엄마: "엄마가 늦게 일어났어."
아이: "그래서 지각했지!"
엄마: "이번엔 네가 시작해 봐."
아이: "'나는 친구랑 싸웠어.'"
엄마: "'그래서?'"
아이: "'그래서 혼자 점심 먹었어.'"

엄마 한마디

"앞에 말을 듣고 그다음 이야기를 떠올리는 힘, 그게 생각을 이어가는 거야."

놀이가 자라는 한 문장

문장이 이어지면, 생각도 함께 자랍니다.

놀이 응용

- "그래서?" 릴레이

  예: "나는 과자를 떨어뜨렸어." → "그래서 개미들이 몰려왔어!" → "그래서 엄마가 깜짝
  놀랐어!"

- "왜?"와 "그래서?" 연결 놀이

  하나의 상황을 두고 '왜?' → '그래서?'를 순서대로 물어보며 인과 흐름을 정리해요.

  예: "나는 울었어." → "왜?" "동생이 장난감을 망가뜨렸어." → "그래서?" "아빠가 고쳐
  줬어."

엄마를 위한 팁

- 아이가 생각해 내는 문장이 엉뚱하면 더 칭찬해 주세요.
- "그래서 뭐가 됐어?", "그래서 어떻게 됐는데?" 같은 질문은 아이가 결과, 이유, 감정을 차
  례로 정리하며 말할 기회를 줘요.

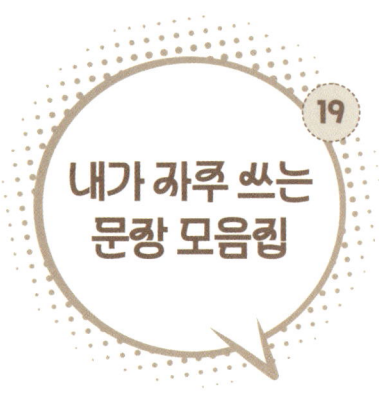

19

내가 자루 쓰는 문장 모음집

놀이 목적

자기 언어를 돌아보고, 자주 쓰는 말과 표현을 의식하게 돼요.

놀이 방법

내가 자주 말하는 문장을 떠올려서 적어보거나 말해봐요.
예: "엄마~ 나 심심해!", "이건 왜 그래?"
내가 자주 쓰는 말 속에는 평소의 생각과 감정이 숨어 있어요.

예시 대화

엄마: "요즘 너 자주 하는 말이 뭐야?"
아이: "'에이~ 몰라!' 자주 하지?"
엄마: "진짜~ 뭔가 귀찮을 때 꼭 이 말하더라~"
아이: "'내가 할게!'도 자주 해!"
엄마: "맞아, 그건 엄마 도와줄 때 자주 해."
아이: "이런 말들 다 적으면 내 문장 노트가 될 것 같아."
엄마: "그것도 멋진 말놀이 기록이 되겠네!"

엄마 한마디

"내 말 습관을 들여다보면 내가 어떤 사람인지 보여."

놀이가 자라는 한 문장

내 말을 돌아보면, 내 마음도 조금 더 이해해 줄 수 있어요.

놀이 응용

- 가족끼리 서로가 자주 하는 말 뽑아주기
- 자주 쓰는 말로 이야기 만들기
- "이 문장 대신 다른 말 해볼까?" 대체 문장 고민하기

엄마를 위한 팁

- 아이의 말투를 비판하지 말고 "이렇게도 말할 수 있겠네!" 하며 넓혀주세요.
- 자주 쓰는 말"을 말의 습관으로 바라보는 연습이에요.

20
나만의 문장으로 이야기 쓰기

놀이 목적

아이 스스로 만든 문장들을 모아 짧은 이야기로 엮어보며, 문장의 흐름과 구성력을 기른다.

놀이 방법

아무 문장이나 세 개 떠올려서 말해보거나 적어봐요.

예: "고양이가 달려갔어요.", "나는 사탕을 찾았어요.", "문이 삐걱 열렸어요."

그 문장들을 보며 이야기로 이어볼 수 있을지 생각해보세요.

처음엔 문장들이 이어지지 않아도 괜찮아요. 중간에 새로운 말을 넣거나 상황을 덧붙이며 이야기를 만들어보는 게 이 놀이의 재미예요.

예시 대화

엄마: "이번엔 네가 문장 세 개 아무거나 말해볼래?"

아이: "음... 달이 웃고 있었어요." / "나는 모자를 잃어버렸어요." / "누가 나를 불렀어요."

엄마: "오~ 되게 신비한 느낌인데? 그걸로 어떤 이야기 만들 수 있을까?"

아이: "달이 웃을 때마다 이상한 일이 생겨요. 나는 모자를 잃어버렸고, 그때 누가 내 이름을 불렀어요. 혹시... 달이 말을 거는 걸까?"

엄마: "우와~ 진짜 그림책 같아! 다음 장면도 궁금해지는데?"

엄마 한마디

"나만의 짧은 문장도 모이면 멋진 이야기가 될 수 있어."

놀이가 자라는 한 문장

내 말로 만든 이야기는 나만의 세상입니다.

놀이 응용

- 단어 몇 개를 뽑아 문장을 만들고, 그걸로 이야기 꾸미기
- 말도 안 되는 문장 3개로 말이 되는 이야기 만들기
- 아이가 문장을 만들고, 엄마가 그걸로 이야기 지어보기 (또는 반대로!)

엄마를 위한 팁

- 아이가 쓴 문장을 모아 '우리 이야기책'을 만들어보세요.
- 완성보다 말하는 과정의 즐거움에 초점을 맞춰주세요.

3부

발음으로 노는
아이

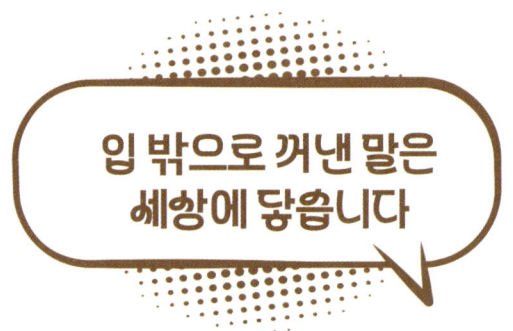

말을 잘한다는 건, 생각을 소리로 옮길 용기를 갖는 일입니다.

입 모양을 흉내 내고, 의미를 몰라도 따라 말해보며, 자신의 목소리를 내는 연습을 해요.
그렇게 말은 세상과의 연결을 시작합니다.

발음의 정확성도 중요하지만, 그보다도 "내가 말을 꺼낼 수 있어!"라는 감각을 길러주는
것이 더 먼저예요.

이 파트의 '발음'은 단순한 소리만이 아니라, 말의 리듬, 억양, 속도, 감정 표현까지 함께 다
루고 있어요.
입 밖으로 꺼내는 말은 아이가 자신을 드러내는 첫 번째 다리가 됩니다.

"말은 머릿속에 있을 땐 생각이고, 입 밖으로 나와야 관계가 됩니다."

발음 말놀이 안내문

발음 말놀이는 아이가 입과 귀로 소리를 익히는 놀이입니다.

정확하게 말하는 것도 중요하지만, 먼저 '재미있게' 소리를 내보는 경험이 더 먼저예요.

말소리를 다양하게 변형해 보고, 부담 없이 흉내 내는 활동을 통해 아이의 발화 욕구를 자연스럽게 이끌어 주세요.

발음 말놀이, 이렇게 해보세요

발음을 교정하기보다 먼저 '흥미'를 주세요.

틀려도 괜찮다는 분위기 속에서 소리를 다양하게 표현해 보세요.

입 모양 놀이, 리듬 따라 말하기를 함께 해보면 좋아요.

놀이 중 이렇게 말해보세요

"그 소리 진짜 웃긴다! 한 번만 더해줄래?"

"입이 이렇게 움직이면 어떻게 들릴까?"

"엄마도 따라 해볼게. 같이 해보자!"

입 모양 따라
말해요

1

놀이 목적

입 모양을 보고 따라 하며, 입술 · 혀 · 턱의 움직임을 자연스럽게 익히는 놀이예요.

놀이 방법

소리는 내지 않고 입 모양만 보여주며 어떤 말을 하고 있는지 맞혀보아요.

예: 입 모양만 보고 "우유!", "엄마!"라고 말해보기

입 모양을 또렷하게 보는 것이 포인트! 정답보다 시도 자체를 즐겨요.

예시 대화

엄마: "자, 엄마가 말할게. 잘 봐~ (입 모양으로 '우유')"

아이: "으… 유? 우유!"

엄마: "딩동댕~ 이번엔 네 차례!"

아이: "(입 모양으로 '아기')"

엄마: "아~기! 정답!"

아이: "헤헤 재밌다! 또 해요!"

놀이 응용

- 입 모양만 보고 문장 전체 맞히기

  "나는 사과를 먹었어!" → 입 모양으로만 말하고 추측하기
- 거울 앞에서 자기 입 모양 흉내 내기
- 가족 릴레이 입 모양 퀴즈

  한 사람씩 입 모양만 보여주고 정답 맞히기

엄마를 위한 팁

- 입 모양을 과장되게 보여주면 따라 하기 쉬워요.
- 거울을 보면서 하면 자기 인식과 표현력도 함께 자라요.

혀 꼬일듯! 어려운 말 따라 하기

놀이 목적

긴말이나 발음이 까다로운 말을 따라 하며 말의 정확성과 표현력을 기르는 놀이예요.

놀이 방법

티라노사우루스, 헬리콥터 같은 긴말이나 발음이 어려운 단어를 천천히 따라 말해보아요.
예: "알록달록 티라노사우루스!"
길고 낯선 말일수록 더 재밌어요. 말이 꼬여도 괜찮아요!

예시 대화

엄마: "티라노사우루스!"
아이: "티라노… 사우루스!"
엄마: "우와! 잘했어! 이번엔 알록달록 해볼까?"
아이: "알록달록~"
엄마: "그럼, 두 개 이어서 말하면?"
아이: "알록달록 티라노사우루스!"

놀이 응용

- 아이가 직접 어려운 말 만들기
  예: "블루베리버블젤리" 같은 말장난 단어
- 만화 캐릭터나 로봇 이름 따라 말하기
- 일부러 꼬인 말 따라 말하고 다시 또렷하게 말하기
  "토마토" → "토모토" → "다시 또렷하게 토마토!"

엄마를 위한 팁

- 발음이 꼬여도 "정말 어려운 말인데도 재미가 있네~" 하며 응원해 주세요.
- 놀이처럼 말에 익숙해지는 것이 목표예요.

3

초성만 보고 말해요

놀이 목적

초성 단서를 보고 단어를 떠올리며 말소리 감각과 말놀이 능력을 길러요.

놀이 방법

초성 힌트를 보고 어떤 말을 떠올릴 수 있을지 말해보아요.

예: ㅅㅂ → 수박, 신발, 소방차

정답은 하나가 아니에요. 생각나는 말을 자유롭게 이야기해요.

예시 대화

엄마: "문제! ㅅㅂ!"

아이: "수박!"

엄마: "정답~ 다른 것도 될까?"

아이: "소방차! 신발! 심봤다!"

엄마: "오~ 천재인데?"

아이: "이번엔 내가 낼게요. ㅎㄱ!"

놀이가 자라는 한 문장

초성에서 단어를 떠올리며 말놀이의 재미를 키워요.

놀이 응용

- **주제 정해서 초성 퀴즈**

  동물: ㅇㅁ → 앵무새, 음식: ㅊㅂ → 잡채밥
- **실생활 물건 초성 맞히기**

  냉장고 문 열고 'ㅁㅊ' → 멸치!
- **아이가 직접 문제 내기**

  엄마가 맞히는 역할로 전환하면 집중력 UP

엄마를 위한 팁

- 정답보다 다양한 단어를 자유롭게 말하는 게 더 중요해요.
- 아이 주도 놀이로 넘어가면 훨씬 몰입도가 높아져요.

**따라 말해요,
똑같이**

4

놀이 목적

말의 리듬과 억양, 속도를 따라 말하며 자연스럽게 말의 흐름을 익히고, 듣고 흉내 내는 능력을 기릅니다.

놀이 방법

엄마가 문장을 하나 말해요. 아이가 엄마의 말투, 속도, 리듬까지 똑같이 따라 말해봐요. 느리고 길게, 빠르고 짧게, 속삭이듯, 노래하듯 등 다양한 방식으로 시도해 보세요.

흉내 말하기가 익숙해지면, 아이가 먼저 말하고 엄마가 따라 하기도 해봐요.

예시 대화

엄마: "나는 오늘 기분이 좋아!"

아이: "나는 오늘 기분이 좋아~"

엄마: "오, 리듬까지 똑같이 말했네? 이번엔 속삭이듯 해볼까?"

아이: "(작게) 나는 오늘 기분이 좋아…"

엄마: "우와~ 마치 비밀 말하듯이 했네! 그럼, 이번엔 로봇처럼 말해볼까?"

아이: "나는. 오늘. 기분이. 좋아."

엄마: "완전 로봇이다! 이번엔 엄마가 아기처럼 따라 해볼게~"

엄마 한마디

"똑같이 따라 하는 놀이 속에 발음의 기본기가 숨어 있어."

놀이가 자라는 한 문장

말의 리듬을 따라가다 보면, 말하기가 훨씬 자연스러워져요.

놀이 응용

- **캐릭터 흉내 말하기**

  "공룡처럼 말해봐!", "강아지처럼 말해봐!"
- **상황별 말하기**

  "놀이터에서처럼 말해봐", "잠자기 전처럼 말해봐"
- **녹음해서 비교해 보기**

  서로 녹음해 듣고 "누가 더 똑같이 따라 했을까?" 대결해요.

엄마를 위한 팁

- 아이가 소리나 억양을 과장해도 괜찮아요. "따라 말하기"는 말의 감각을 확장해 주는 좋은 자극이에요.
- 대화할 땐 "진짜 똑같다~!"처럼 놀람과 흥미 중심으로 반응해 주세요. 동기부여에 최고 예요!

속삭임 vs 큰소리 대결

5

놀이 목적

목소리의 크기를 조절하는 경험을 통해 발화 조절력과 상황에 맞는 말하기 감각을 길러요.

놀이 방법

같은 문장을 큰 소리로, 또 속삭이듯 말해보며 말소리의 크기를 바꿔보아요.
예: "안녕하세요!" (크게) → "안녕하세요…" (속삭이듯)
상황을 상상해 보면 더 재밌어요. "무대 위 배우처럼", "비밀요원처럼" 말해봐요!

예시 대화

엄마: "이번엔 '안녕하세요!'를 큰소리로 해볼까?"
아이: "안녕하세요~!!!"
엄마: "좋아, 이제 속삭이듯 말해봐~"
아이: "(조용히) 안녕하세요…"
엄마: "이번엔 '비밀이에요.'는 어떻게 할까?"
아이: "(속삭이듯) 비밀이에요…"

엄마 한마디

"소리를 작게도, 크게도 낼 수 있으면 말의 힘도 자유로워져."

놀이가 자라는 한 문장

소리의 크기를 조절해 말하다 보면 말의 자신감까지도 조절할 수 있을 거예요.

놀이 응용

- 감정 섞어 볼륨 조절하기

  "화났을 때 속삭이기" / "기쁠 때 작게 말하기"
- 소리를 점점 줄이거나 커지게 말하기

  "안녕하세요~"를 메아리처럼!

엄마를 위한 팁

- 말의 크기와 감정을 조절하는 감각은 대화뿐 아니라 발표력에도 꼭 필요해요.
- 아이가 속삭이는 걸 부끄러워하거나 큰소리를 어려워할 땐 먼저 엄마가 과장해서 시범을 보여주면 금방 따라 해요!

부모의 연습장

6
노래처럼 말해요!

놀이 목적

말에 멜로디와 리듬을 실어보며, 단어와 문장이 단순한 소리를 넘어선 표현 수단임을 자연스럽게 익히게 돼요.

놀이 방법

짧은 문장을 노래하듯 말해보아요.
예: "나는 밥을 먹었어요~", "오늘 날씨 좋아요~"
그 어떤 멜로디도 다 괜찮아요. "트로트처럼", "동요처럼" 말해보면 더 재밌어요!

예시 대화

엄마: "(장난스럽게) 양치하러 가요~ 가요~ 가요~"
아이: "싫어요~ 나 안 가요~"
엄마: "어이쿠~ 거절송이 아주 멜로디가 좋네?"
아이: "그럼, 이번엔 로봇노래 해볼래!"
아이: (로봇처럼) "양치하러 가겠습니다!"
엄마: "오~ 로봇 노래 대박! 다음엔 공룡송 가자!~"

엄마 한마디

"말에 멜로디를 붙이면 입도 귀도 더 즐거워져."

놀이가 자라는 한 문장

하나의 문장이 음악처럼 흐르는 순간, 말은 놀이가 돼요.

놀이 응용

- 동요 바꿔 부르기

"곰 세 마리" 멜로디에 다른 문장 넣어 부르기

- 상황별 노래 만들기

"유치원 가는 길 노래", "장난감 정리 노래"

엄마를 위한 팁

- 음정이 틀려도 괜찮아요! 아이에게는 말에 리듬을 실어보는 경험이 가장 중요해요.
- 아이가 좋아하는 캐릭터 노래나 광고음악 멜로디를 활용하면 집중력도 쑥쑥!

**빠르게!
천천히!
속도 조절
말하기**

놀이 목적

말의 빠르기를 조절하며 말의 흐름과 리듬을 감각적으로 익혀요.

놀이 방법

같은 문장을 느리게 또는 빠르게 말해보아요.
예: "아이스크림 주세요."를 거북이처럼~ 로켓처럼!
빠르기보다 조절 자체를 경험하는 것이 핵심이에요.

예시 대화

엄마: "이번엔 느리게~ 아이스...크림...주...세...요..."
아이: "하하하~ 이번엔 로켓처럼! 아이스크림 주세요!"
엄마: "좋아~ 그럼, 고슴도치 속도는 어때?"
아이: "고슴도치?! 으음… 아이스크…림 주세요~"
엄마: "속도마다 느낌이 달라지는 거 느껴져?"
아이: "웅! 거북이 속도는 졸린 느낌이야, ㅋㅋ"

엄마 한마디

"말의 속도를 조절하면, 생각의 흐름도 조절할 수 있어."

놀이가 자라는 한 문장

빠르게도, 천천히도 말할 수 있다는 건 말에 여유가 생긴다는 거예요.

놀이 응용

- 동물 속도에 빗대어 말하기: 거북이/토끼/로켓
- 같은 문장을 세 가지 속도로 바꿔 말해보기
- 속도에 어울리는 감정 붙이기: 화났을 땐 빠르게, 지루할 땐 느리게

엄마를 위한 팁

- 아이가 말의 속도를 조절해 보는 경험은 발표력과도 연결돼요.
- 발표할 때 긴장해서 말이 빨라지는 걸 막고, 말의 흐름을 스스로 다스리는 힘을 길러줘요.

8

입속
탐험대

놀이 목적

소리를 만드는 입, 혀, 이, 입술의 움직임을 관찰하며 정확한 발음의 구조를 익히는 놀이입니다.

놀이 방법

아이가 특정 소리를 낼 때, 입 모양과 혀 위치를 거울로 관찰해 본다.

예: 'ㅅ'은 이 사이로 바람이 새고, 'ㅁ'은 입을 꼭 닫은 상태에서 소리가 난다.

예시 대화

엄마: "'ㅂ' 발음할 때, 입이 어떻게 움직여?"

아이: "입을 꼭 다물었다가 '뻥' 터지게 열려."

엄마: "맞아! 그럼 'ㅅ'은?"

아이: "이를 붙이고, 바람이 슈욱 나와."

엄마: "입이랑 혀가 어떤 소리를 만들어내는지 진짜 과학 실험 같지?"

엄마 한마디

"입속에는 작은 발음 실험실이 숨어 있어."

놀이가 자라는 한 문장

입과 혀의 움직임을 관찰하는 경험은 정확한 소리내기의 기초가 됩니다.

놀이 응용

- 거울 앞에서 'ㅁ, ㅂ, ㅅ, ㄹ' 등 자음별 입 모양 따라 해보기
- 발음 따라 손으로 입 모양 그려보기
- 녹음해서 비교하며 어떤 입 모양이 더 명확하게 들리는지 확인하기

엄마를 위한 팁

- 혀와 입술의 움직임을 말로 설명하기 어려워할 수 있어요. 놀이처럼 따라 하다 보면 자연 스럽게 익혀요.
- 발음을 고치려는 목적보다는 "입이 이렇게 움직이니까 이 소리가 나는구나!"를 탐구하는 관점이 좋아요.

9

말
리듬 게임

놀이 목적

말의 흐름과 박자를 익히며 자연스러운 리듬감을 길러요.

놀이 방법

"따다따 / 따다따 / 도토리!"처럼 말에 리듬을 붙여서 말해보아요.
리듬에 맞춰 말하기, 리듬 듣고 따라 말하기 등 다양하게 즐겨요.
리듬이 들어가면 말이 음악처럼 기억에 남고 즐거워져요.

예시 대화

엄마: "따다따~ 따다따~ 도토리!"
아이: "따다따~ 따다따~ 호랑이!"
엄마: "이번엔 엉망 리듬! 따따뚜뚜~ 고양이!"
아이: "따따따따~ 다람쥐!"
엄마: "리듬이 달라지니까 말하는 게 더 재밌지?"
아이: "응! 나 주문을 외우는 것 같아~"

놀이 응용

- 리듬만 주면 어울리는 문장을 만들어 말하기
  예: "딱–딱–딱딱!" → "나는–오늘–기분–좋아!"
- 몸으로 리듬 맞추기
  예: (무릎–무릎–박수!) → "나는–오늘–놀이터!"

엄마를 위한 팁

- 말에 리듬을 실어보면, 틀릴까 봐 망설이던 말도 술술 나와요.
- 아이가 말하면서 웃기 시작하면 말에 대한 자신감이 자라기 시작한 거예요.

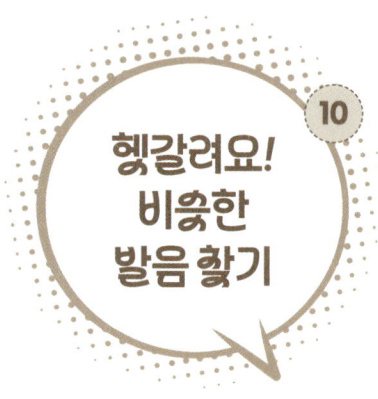

10
헷갈려요!
비슷한
발음 찾기

놀이 목적

비슷하게 들리는 단어를 구별하며 정확한 발음을 익혀요.

놀이 방법

'감기' vs '강기', '바다' vs '파다'처럼 헷갈리는 단어를 듣고 따라 말해보아요.
입 모양과 혀 움직임을 의식해 보면 발음 인식이 더 정확해져요.
발음을 구별할 땐 입 모양도 중요한 단서가 돼요.

예시 대화

엄마: "감기~ 강기~ 뭐가 병 이름일까?"

아이: "감기!"

엄마: "맞아~ 감기 걸리면 콧물 나잖아. 강기는...?"

아이: "강기는 없어~ 이상한 말이야!"

엄마: "이번엔 바다~ 파다~!"

아이: "바다!"

엄마: "맞아, 물 있는데! 그럼 '파다'는?"

아이: "삽으로 땅 파는 거!"

엄마: "둘 다 '다'로 끝나는데, 시작이 완전히 다르지?"

아이: "바~ 파~ 입 모양도 다르고, 소리도 다르네!"

엄마 한마디

"비슷해서 더 헷갈리는 말도 차이를 느껴보면 재미있어."

놀이가 자라는 한 문장

비슷한 말의 차이를 구별하며 말소리에 민감해져요.

놀이 응용

- 헷갈리는 단어 짝 듣고 따라 말해보기
- 거울 보며 스스로 입 모양 비교하기
- 일부러 틀리게 말하고 정답 맞추기 놀이

엄마를 위한 팁

- '비슷하지만 다른 말'을 구별하는 건, 고급 발음 놀이예요.
- 정답보다 스스로 소리를 인식하는 감각을 키우는 게 중요해요.

부모의 연습장

부모의 연습장

11

강세를
옮겨 봐요

놀이 목적

강세를 어디에 두느냐에 따라 말의 의미와 분위기가 바뀐다는 걸 배워요.

놀이 방법

한 문장에서 각 단어에 강세를 바꿔가며 말해보아요.
예: "나는 안 갔어요." → '나', '안', '갔'에 각각 힘을 줘 말해보기
강조 위치 하나로도 말의 뉘앙스가 달라져요.

예시 대화

엄마: "나!는 안 갔어요. (나에 힘)"

아이: "나는 안! 갔어요. (안에 힘)"

엄마: "나는 안 갔!어요. (갔에 힘)"

아이: "느낌이 다 달라요!"

엄마: "어떤 말이 제일 억울해 보여?"

아이: " '안'에 힘준 거! 안~~~ 갔다고!!"

엄마 한마디

"강세만 달라져도 말이 다르게 들린다는 걸 느껴봐."

놀이가 자라는 한 문장

강세 하나로 전체적인 말의 느낌이 달라진다는 걸 배워요.

놀이 응용

- 그림을 보고 어울리는 강조 단어 찾기

  → 슬픈 얼굴 그림을 보고 "정말 슬!퍼! 보여." / 무너진 탑을 보고 "완전 엉!망!이야!"
- 문장에서 강하게 말하고 싶은 단어를 직접 골라서 말해보기

  예: "나는 학교에 갔어요."
- → 아이가 '학교'를 강조하고 싶으면: "나는 학교!에 갔어요."
- → '나'를 강조하고 싶으면: "나!는 학교에 갔어요."

엄마를 위한 팁

- 아이가 어떤 단어에 강세를 주는지 들어보면, 그 말에 담긴 마음이나 시선이 보여요.
- 말투를 고쳐주기보다, "이 말은 어떻게 들렸을까?" 같이 함께 느끼는 질문이 더 큰 자극이

  돼요.

12

녹음하고
따라 해요

놀이 목적

자기 목소리를 듣고 따라 하며 발음과 억양을 자연스럽게 인식해요.

놀이 방법

간단한 문장을 말한 뒤 녹음하고, 다시 듣고 그대로 흉내 내 보아요.
예: "좋은 아침이에요!" → 녹음 → 듣고 다시 말해보기
내 말소리를 들어보는 경험만으로도 말하는 습관이 달라져요.

예시 대화

엄마: "한 번 녹음해 볼까? '안녕하세요' 말해봐~"

아이: "안녕하세요~"

엄마: "자, 들어볼까?"

아이: "으악! 이게 내 목소리야?"

엄마: "이번엔 더 천천히, 또렷하게 해볼래?"

아이: "안녕! 하세요~ (더 정확하게 말하려고 애쓰게 됨)"

엄마 한마디

"내 목소리를 들어보는 건, 말하는 법을 배워가는 첫걸음이야."

놀이가 자라는 한 문장

내 목소리를 자꾸 들어보면 나도 몰랐던 말 습관을 알게 돼요.

놀이 응용

- 같은 문장을 속도, 감정 바꿔 녹음해 보기
- 가족 목소리 흉내 내 보기
- 라디오 방송처럼 상황 녹음 후 다시 따라 해보기

엄마를 위한 팁

- 자기 목소리를 객관적으로 들어보는 건 큰 자극이 돼요.
- "너, 목소리 진짜 좋다!" 한마디가 엄청난 자신감을 갖게 해줘요.

13

라디오 DJ처럼
말해보기

놀이 목적

말의 억양, 말투, 리듬을 조절하며 다양한 표현력을 길러요.

놀이 방법

아이에게 라디오 DJ 역할을 맡겨 상황에 어울리는 멘트를 말해보게 해요.
예: "안녕하세요~ 오늘 청취자분들께 새로운 소식을 알려드립니다."
톤 조절, 리듬감, 상황 설정까지 자연스럽게 익히는 놀이터가 돼요.

예시 대화

엄마: "자~ DJ 현경, 오늘 방송 시작합니다~!"
아이: "안녕하세요~ 어린이 방송입니다~"
엄마: "지금 날씨는 어떤가요?"
아이: "오늘은 맑고 따뜻해요!"
엄마: "오늘의 간식 소개도 해주세요~"
아이: "딸기랑 주스예요~ 그런데 특별한 비밀이 숨겨져 있다고 하는데요!"

엄마 한마디

"내 목소리가 누군가의 귀에 닿는 상상을 해봐."

놀이가 자라는 한 문장

상황에 어울리는 말투를 익히며 표현의 폭을 넓혀요.

놀이 응용

- 유튜브 어린이 채널 멘트 따라 해보기
- 가족 광고 만들기 (과자, 장난감 등 주제 선택)
- 유치원, 학교 뉴스 대본을 만들어 친구에게 말해보기

엄마를 위한 팁

- 스스로 다양한 말의 분위기를 시도해 보며 자신감을 얻어요.
- 다양한 말투를 자연스럽게 접하게 해주세요.

14

말소리 조합 실험실

놀이 목적

익숙한 말을 낯설게 바꾸는 경험은 자신만의 언어 감각을 기르는 네 큰 자극이 돼요.

놀이 방법

발음에 재미있는 규칙을 정해요.

예: 단어마다 '으' 넣기 → "사과" → "사으과으"

이상하고 엉뚱할수록 좋아요! 말이 익숙하지 않게 느껴지는 게 포인트예요.

예시 대화

엄마: "오늘은 말할 때마다 단어에 '슈'를 붙이는 마법이야!"

아이: "진짜? 나슈는 밥슈을 먹슈었슈어!"

엄마: "오~ 마법 성공~ 이번엔 엄마가 해볼게. 나슈는 졸슈려~"

아이: "히히, 이상한데 재밌어! 이번엔 '엥'을 넣어보자."

엄마: "그엥래엥~"

아이: "너엥무엥 웃겨엥, 하하하"

엄마 한마디

"말도 요리처럼 소리 하나하나가 섞여서 만들어지는 거야."

놀이가 자라는 한 문장

웃기게, 엉뚱하게 말해보는 사이에 말의 감각이 쑥쑥 자라요.

놀이 응용

- 가족마다 다른 마법 규칙 정하기

  아빠는 '푸' 넣기, 아이는 '와' 붙이기 등 각자 발음 규칙을 정해서 말하기 대결
- 놀이 마지막엔 원래 문장으로 되돌려 말해보기

  → "이제 마법 풀렸어!" 말하면 "나는 밥을 먹었어요!"로 돌아오기

엄마를 위한 팁

- 무조건 정확하게 말하게 하기보다, 틀려도 자유롭게 말해보는 경험을 키워주세요.
- 아이가 만든 마법 발음에 "와, 그런 말도 되는구나!" 같은 반응을 해주면 용감한 상상력이 더 확장돼요.

15

외국어처럼
말해봐요

놀이 목적

익숙하지 않은 소리를 따라 하며 발음 감각과 표현 범위를 넓혀요.

놀이 방법

프랑스어, 일본어, 동화 속 외계어 등 다양한 언어의 소리를 흉내 내며 말해보아요.
예: "봉쥬르~", "곤니찌와~", "삐뽀빠뽀~"
발음을 흉내 내 보는 것만으로도 말의 리듬, 억양을 다양하게 느낄 수 있어요.

예시 대화

아이: "오늘 뭐 먹지?"

엄마: "미국 스타일로 말해볼까?"

아이: "오늘~ 뭐얼~ 먹쥐~?"

엄마: "오~ 굿! 이번엔 일본 느낌 어때?"

아이: "오-느루~ 나눈~ 뭐먹어데스까~?"

엄마: "이번엔 고양이 나라 말투로!"

아이: "야옹~ 나는~ 배고프다옹~"

놀이 응용

- **나라 이름을 뽑아서 그 나라 스타일로 문장 말하기**
  예: 프랑스 스타일 / 일본 스타일 / 미국식 / 로봇 나라 등
- **감정 섞인 외국어 흉내 내 말하기**
  예: "배고파요!"를 슬픈 이탈리아 사람처럼 / 신난 독일 사람처럼
- **상황극 대결**
  예: "공항에서 길 잃은 외국인처럼 말하기" / "외국어 말하는 선생님처럼 말해보기" 등 역
  할 정해서 연기하기

엄마를 위한 팁

- 다르게 말해보는 순간, 아이는 자기 목소리에 더 귀 기울이게 돼요.
- 정답보다 표현의 다양함을 즐기는 분위기가 더 중요해요. 아이가 스스로 "느낌"을 만들어
  내도록 격려해 주세요.

부모의 연습장

부모의 연습장

16

목쇼리 스위치 놀이

놀이 목적

말을 하다가 신호에 맞춰 속도, 크기, 톤, 억양을 순간적으로 바꿔보는 놀이예요.
발음의 유연성, 즉흥적 조절력 등을 길러줘요.

놀이 방법

짧은 문장 하나를 정해요. 말하는 중간에 "스위치!" 또는 미리 정한 신호(박수, 종소리 등)를
주면 아이가 말투를 바꿔서 이어 말해요.
변화를 갑자기 주는 게 포인트!

예시 대화

엄마: "나는 오늘… 스위치! 로봇처럼!"
아이: "… 학교. 에. 갔. 습. 니. 다."
엄마: "스위치! 엄청 빨리!"
아이: "그리고친구랑점심먹었어요!!"
엄마: "스위치! 아주 작게."
아이: (속삭이듯) 근데... 당근은 안 먹었어…"

엄마 한마디

"소리를 바꿔보는 건, 말의 구조를 탐험하는 놀이야."

놀이가 자라는 한 문장

말의 속도와 소리를 바꿔보는 순간, 말에 대한 감각이 더 유연해져요.

놀이 응용

- **카드 뽑기 스위치**
  미리 만들어둔 말투/속도 카드를 뽑아 적용
- **대사 릴레이**
  둘이 한 문장을 나눠 말하면서, 중간마다 말소리 스위치

엄마를 위한 팁

- 말하다가 갑자기 톤이나 속도를 바꿔보는 경험은 말의 순발력과 조절력을 길러줘요.
- 갑자기 바뀐 상황에서도 말이 이어지는 연습은 발표나 즉흥적으로 말하기 상황에 큰 도움이 돼요.

1분 발표 도전

놀이 목적

정해진 시간 동안 한 가지 주제로 끊기지 않고 말해보는 연습을 통해 말의 흐름, 발음 집중력을 키우는 놀이예요.

놀이 방법

1분 타이머를 준비하고 주제를 하나 고른 후, "1분 동안 말해볼게요!" 외치고, 주제에 대해 끊기지 않고 계속 말해보는 거예요. 말이 막혀도 괜찮아요. 천천히 이어가면 돼요!

처음엔 30초부터 시작해도 좋아요.

예시 대화

엄마: "오늘 주제는 '내가 좋아하는 음식'이야. 준비됐어?"

아이: "응! 시작!"

(타이머 시작)

아이: "나는 라면이 좋아요. 왜냐하면 맵고, 뜨겁고, 국물이 맛있고... 음... 그리고 엄마랑 같이 먹으면 더 맛있어요. 또... 김치랑 먹으면..."

엄마: "1분 끝! 와~ 진짜 끊기지 않고 말했네!"

아이: "헉, 진짜? 1분이 생각보다 짧다!"

엄마 한마디

"내 생각을 딱 1분 안에 담아내는 연습, 그게 진짜 말 실력이 될 거야."

놀이가 자라는 한 문장

끊기지 않고 말해보는 경험은 내 생각을 스스로 믿고 지켜보는 힘이 돼요.

놀이 응용

- 주제 카드를 만들어 랜덤으로 말해보기
- 사람들 앞에서 발표하듯 천천히 또박또박 말해보기

엄마를 위한 팁

- 아이가 머뭇거리거나 말이 끊겨도 괜찮아요. 중요한 건 말을 이어가 보려는 태도예요.
- 말을 다 끝냈을 땐, "이야~ 말이 뚝 끊기지 않고 계속 이어졌네!"라고 태도를 칭찬해 주세요.

18

말로만
그려요

놀이 목적

말의 정확성, 순서, 발음 전달력까지 모두 사용해 자연스럽게 '말의 힘'을 키우게 돼요.

놀이 방법

설명할 대상을 보여주지 말고 말로만 설명해요.

예: "이건 네모나고, 위에 줄이 있고, 자주 쓰는 거야!"

설명은 너무 짧거나, 이름만 말하면 안 돼요. 구체적으로 표현하는 게 포인트!

예시 대화

아이: "음... 이건 네모나고, 손으로 눌러서 글자를 써요."

엄마: "음... 키보드?"

아이: "딩동댕! 그다음은... 이건 우리 집에 두 개 있어요. 앉을 수 있고, 부드러워요."

엄마: "방석? 아니다, 소파!"

아이: "맞았어! 내가 진짜 설명 잘했지?"

엄마: "말로만 들었는데 눈앞에 그려졌어!"

놀이 응용

- 설명을 듣고 그림으로 그려보기
- 설명 금지어 정하기
  예 : "색깔 말하면 안 돼요!" "손동작 금지!" 등

엄마를 위한 팁

- 아이가 설명할 때 부족해 보여도 바로 채워주지 말고, "조금만 더 말해줄래?" 하고 스스로 말할 기회를 주세요.
- 말로 설명하는 과정은 관찰력, 표현력, 전달력 모두 자라나는 시간이랍니다.

19

말에 배경음을 더해요

놀이 목적

말의 분위기와 어울리는 소리 요소를 결합하여 다채로운 표현 감각을 키워요.

놀이 방법

말에 어울리는 효과음이나 배경음을 만들어 소리내 보아요.

예: "나는 뛰어요!" → "나는 뛰어요! 쿵쿵쿵!"

말에 효과음을 붙이면 생동감과 전달력이 확 살아나요.

예시 대화

엄마: "네가 밥 먹는 소리, 입으로 해볼 수 있어?"

아이: "쩝쩝쩝~ 후루룩!"

엄마: "오, 진짜 먹는 것 같아! 이번엔 비 오는 소리!"

아이: "촤아아아아... 주르르륵!"

엄마: "이번엔 엄마가 걸어볼게, 뚜벅뚜벅~ 너는 배경음 해봐!"

아이: "사각사각~ 낙엽 밟는 소리야!"

엄마: "우와, 진짜 낙엽길 걷는 것 같아!"

엄마 한마디

"네 소리 덕분에 장면이 더 생생해졌어. 귀로 그림을 그린 느낌이야."

놀이가 자라는 한 문장

말에 소리를 더하면, 상상이 훨씬 풍성해져요.

놀이 응용

- 소리 카드 활용해 말에 어울리는 배경음 고르기
- 가족이 효과음 담당, 아이가 말하기 담당
- 동화 속 장면에 말 + 소리 연출해 보기

엄마를 위한 팁

- "그 소리 너무 진짜 같다!"처럼 재미와 몰입을 느끼게 해주는 게 중요해요.
- 상황을 함께 상상하며 "이럴 땐 어떤 소리가 날까?" 하고 말과 소리의 연결 고리를 느끼게 해주세요.

소리 따라 입 움직이기

놀이 목적

입술로 내는 소리, 혀끝으로 내는 소리 등 조음기관의 사용을 인식하고 정확한 발음을 익혀요.

놀이 방법

"아, 에, 이, 오, 우" 같은 모음 소리를 내면서 거울 앞에서 입 모양을 따라 해보거나, 아이의 입 움직임을 관찰하며 함께 흉내 내 보세요.

중요한 건 정확한 소리보다 소리와 입 모양이 '어떻게 연결되는지' 자연스럽게 느껴보는 거예요.

예시 대화

엄마: "오늘은 소리에 따라 입 모양을 바꿔볼 거야! 준비됐지?"

아이: "응!"

엄마: "먼저, '아아아~' 해볼까? 입을 크게 벌려서!"

아이: "아아아~" (입을 활짝 벌리며 따라 함.)

엄마: "이번엔 자음 소리로 해보자! 먼저 입술을 꾹 붙여서 '빠빠빠~'"

아이: "빠빠빠!" (입술을 툭툭 튕기며)

엄마: "잘했어! 이제 혀를 윗잇몸에 대고 '다다다~'"

아이: "다다다~" (혀를 위로 올려붙임)

엄마 한마디

"입이 어떻게 움직이는지 알면, 말이 더 또렷해져."

놀이가 자라는 한 문장

발음은 내 입안에서 일어나는 작은 움직임을 느끼는 데서 시작돼요.

놀이 응용

- 모음+자음 조합 소리 따라 하기
  예: "바, 보, 부, 비, 배"처럼 모음+자음 조합을 바꿔가며 따라 말해요.
- 거울을 보며 "이 소리는 입이 어떻게 움직일까?" 스스로 관찰하게 해보세요.

엄마를 위한 팁

- 아이가 정확한 발음을 못 해도 괜찮아요. 소리와 입 움직임을 연결해 보려는 시도 자체가 중요해요.
- 한 음절씩 천천히 말하면서 "이 소리는 어디서 나는 걸까?" 같이 관찰 질문을 던져보세요. 발음 감각과 말하는 흥미가 쑥쑥 자라요.

부모의 연습장

부모의 연습장

4부

생각으로 노는 아이

말은 상상을 타고 멀리 갑니다

"물고기가 하품하면 물방울이 몇 개 나올까?"
"초코 맛 눈이 내리면, 어떤 일이 생길까?

이런 엉뚱한 말도 안 되는 질문이, 사실은 아이의 생각을 말로 확장해 주는 최고의 말놀입니다.

말은 정보를 나르는 수단이자, 새로운 세계를 상상하게 만드는 도구예요.
아이는 이야기를 만들고, 이유 없는 이유를 붙여보며, 말로 자신만의 세계를 짓기 시작합니다.

이 파트는 제가 가장 공들여 쓴 파트이기도 해요.
그만큼 재미있고 중요한 부분이랍니다.

말이 단순한 도구가 아니라, 생각이 자라는 놀이터라는 걸 조금이나마 느낄 수 있다면, 그걸로 충분해요.

"생각은 머릿속에 있지만, 그 생각을 세상에 보여주는 건 말이에요."

생각 말놀이 안내문

생각 말놀이는 아이의 언어에 '감정 + 창의 + 맥락'을 입히는 놀이입니다.
말이 허공에 흩어지지 않고 하나의 이야기로 연결되도록 도와주세요.
시작은 엉뚱하게, 확장은 논리적으로.
아이의 머릿속 세상이 말로 구체화되는 시간이 됩니다.

이 파트의 놀이는 사고의 방향을 다양하게 넓혀주고, 말을 통해 '자기 생각을 말하는 힘'을 기르는 데 중점을 두고 있어요.

생각 말놀이, 이렇게 해보세요.

정답을 찾기보단 말의 흐름을 따라가 보세요.
아이의 말 한마디에 호기심을 덧붙여주세요.
생각이 곧 말이 되는 그 과정을 즐기는 것이 놀이의 핵심이에요.

놀이 중 이렇게 말해보세요

"와, 그런 생각 어떻게 했어?"
"그 이야기에 제목을 붙인다면 뭐가 좋을까?"
"그 생각, 그림으로도 그려볼 수 있을까?"

1

왜냐하면 게임

놀이 목적

말에 이유를 덧붙이며 생각을 연결하는 힘을 길러요.

놀이 방법

아무 말이나 먼저 말하고, 뒤에 "왜냐하면"을 붙여 이유를 만들어보아요.
예: "나는 구름이야. 왜냐하면… 나는 하늘에 살고 싶거든!"
말이 엉뚱해도 전혀 문제없어요!

예시 대화

엄마: "오늘은 어떤 간식을 먹고 싶어?"

아이: "딸기 요거트! 왜냐하면 요거트는 시원하고, 딸기는 내가 좋아하는 과일이니까!"

엄마: "오, 그러면 다른 더운 날엔 또 어떤 걸 고를까?"

아이: "음… 수박도 좋고, 아이스크림도! 왜냐하면 수박은 물이 많아서 갈증도 없어지고, 아이스크림은 그냥 너무 맛있어서."

엄마: "갈증도 없애고 기분도 좋아지는 음식들이네."

엄마 한마디

"이유가 너무 귀엽다~ 너만의 상상에 이유가 생겼네!"

놀이가 자라는 한 문장

말에 '왜냐하면'을 붙이면 생각이 쑥쑥 자라요.

놀이 응용

- "나는 ___이야"로 시작하는 상상 동물 만들기

  예 : 나는 날개 달린 토끼야. 왜냐하면~
- 친구랑 돌아가며 '왜냐하면' 릴레이

  예 : 난 어제 늦게 잤어. 왜냐하면 책이 너무 재밌어서. 왜냐하면 초코쿠키가 나왔거든. 왜냐하면 배가 고파서.
- '엉뚱한 이유 vs 진짜 이유' 맞히기 게임

  예 : 난 우산을 가져왔어. 왜냐하면 비가 올 거 같아서, 그리고 왜냐하면 우산이랑 수다 떨고 싶어서.

엄마를 위한 팁

- 아이가 만든 이유를 평가하기보다 흥미롭게 반응해 주세요.
- 말에 이유를 붙이는 건 사고 확장의 시작이에요.

2

같은 말,
다른 이유

놀이 목적

같은 문장을 여러 관점으로 해석하며 생각을 유연하게 해요.

놀이 방법

같은 문장을 여러 이유로 설명해요.

예: "나는 울었어요." → 배가 아파서 / 감동해서 / 장난감이 망가져서

같은 말도 다른 감정이나 상황을 떠올릴 수 있어요.

예시 대화

엄마: "네 방 창문이 열려 있더라. 네가 열어놨니?"

아이: "왜냐하면 바람이 안 통해서 답답했거든."

엄마: "또 다른 이유는?"

아이: "왜냐하면 밖에서 아름다운 새 소리가 들려와서 자세히 듣고 싶었어."

엄마: "오, 또?"

아이: "왜냐하면 햇빛이 들어오면 방이 더 환해지잖아!"

엄마: "같은 행동인데도 이렇게 이유가 다를 수 있구나. 재밌다~"

엄마 한마디

"같은 문장인데, 이유가 달라지니까 느낌도 달라지네!"

놀이가 자라는 한 문장

생각을 바꾸면 같은 말도 달라져요.

놀이 응용

- 같은 문장을 두고 '슬픈 이유 vs 재밌는 이유' 만들어보기
- 친구의 이유 추측하기 게임

엄마를 위한 팁

- 여러 이유를 생각하는 과정에서 감정 표현도 풍부해져요.
- 관점을 바꾸는 힘은 말의 힘을 길러줘요.

3

만약에 나라면?

놀이 목적

가정하는 말로 상상력을 키우고 문장 확장 연습을 해요.

놀이 방법

"만약에 ~라면"으로 문장을 만들어요.
예: "만약에 내가 물고기라면… 나는 바다에서 춤출 거야!"
말도 안 되는 이야기일수록 더 좋아요!

예시 대화

엄마: "만약에 네가 고양이라면, 뭘 제일 잘할 것 같아?"
아이: "나는 점프! 왜냐하면 소파 위로 폴짝 올라갈 수 있으니까."
엄마: "그럼, 만약에 고양이로 산다면 좋은 점은 뭘까?"
아이: "계속 낮잠을 자도 아무도 뭐라 안 해!"
엄마: "하하, 그럼 불편한 점은?"
아이: "사료만 먹으니까 싫을 거 같아. 나는 치킨 좋아하니까."
엄마: "생각이 너무 귀엽구나. 그럼, 만약에 우리 강아지가 말을 할 수 있다면?"

엄마 한마디

"상상으로 다른 존재가 되어보는 재미가 어때?"

놀이가 자라는 한 문장

다른 입장이 되어 말해보면, 생각도 말도 자라납니다.

놀이 응용

- 만약에 ○○ 나라에 간다면 시리즈 만들기
- '만약에'로 시작하는 짧은 이야기 만들어보기
- 그림을 보고 '만약에' 문장 상상하기

엄마를 위한 팁

- 어른 기준의 논리보다 아이의 엉뚱한 상상을 반가워해 주세요.
- 허무맹랑한 말도 즐겁게 받아주는 게 상상 말놀이의 힘이에요.

4

뭐가 다를까? 비교 탐험

놀이 목적

두 가지 사물이나 상황을 비교하며 관찰력과 언어 표현력을 키워요.

놀이 방법

두 단어나 그림을 보고 "뭐가 다를까?" 질문에 답해요.

예: 사과 vs 토마토, 낮 vs 밤, 고양이 vs 호랑이

겉모습, 소리, 느낌 등 다양한 기준으로 비교해도 좋아요.

예시 대화

엄마: "코끼리랑 생쥐, 뭐가 다를까?"

아이: "코끼리는 크고, 생쥐는 작아!"

엄마: "그럼, 비행기랑 자전거는?"

아이: "하늘 날고, 땅 달리고~ 속도도 다르고!"

엄마: "맞아. 다른 점을 많이 말해줄수록 생각이 깊어져."

아이: "다음엔 엄마가 문제 내봐!"

엄마 한마디

"다른 점을 이렇게 잘 찾다니, 관찰력이 쑥쑥 자랐구나!"

놀이가 자라는 한 문장

비교해 보면, 차이 속에서 생각의 방향이 생겨나요.

놀이 응용

- 눈감고 사물 카드 2장을 뽑아 다른 점 말해보기
- 같은 점도 찾아보며 연결하기
- 반대로 '거의 똑같은 것' 골라 왜 비슷한지도 말해보기

엄마를 위한 팁

- 아이는 때로 이상한 걸 비교해요. 그게 바로 생각이 자라는 순간이에요.
- "말도 안 돼~" 싶은 이야기도 웃으며 받아주세요. 그 상상 안에 창의력이 숨어 있어요.

5

엉뚱한 질문 연구소

놀이 목적

논리에서 벗어난 질문을 통해 유연한 사고와 말의 재미를 느껴요.

놀이 방법

엉뚱한 질문을 주고받아요. 답은 뭐든 OK!
예: "신발이 말을 한다면 뭐라고 할까?", "바나나는 왜 웃고 있을까?"
질문부터 아이가 만들면 더 재미있어요.

예시 대화

엄마: "연구소에 방금 들어온 따끈따끈한 질문입니다. '해님이 늦잠 자면 어떻게 될까?'"

아이: "음~ 아침이 안 올 것 같아. 세상이 계속 깜깜해!"

엄마: "오~ 해님이 알람을 못 듣고 푹 자버린 거네? 그럼, 우리는 어떻게 할까?"

아이: "손전등 켜고 다녀야지! 학교도 밤처럼 다녀야 돼."

엄마: "우와~ 밤 학교 생기겠네? 수업은 뭐로 할까?"

아이: "별자리 보는 시간, 달빛 그림자 그리기 수업! 왜냐하면 해가 없으니까 그런 것만 할 수 있잖아!"

엄마: "하하, 엉뚱하지만 진짜로 있을 법한 하루다!"

엄마 한마디

"그렇게 엉뚱한 질문을 생각해 내다니, 너 진짜 멋진 생각 탐험가구나!"

놀이가 자라는 한 문장

질문을 던지는 순간, 아이의 생각은 탐험을 시작해요.

놀이 응용

- 엉뚱한 질문 카드 만들기
- 대답을 그림으로 표현해 보기
- 질문과 답을 바꿔 친구에게 주기

엄마를 위한 팁

- 말도 안 되는 질문 같아도, "오~ 그건 진짜 궁금한데?" 하고 받아주세요.
- 정답을 알려주기보다 "넌 어떻게 생각해?" 하고 되물어보면 놀라운 생각이 튀어나올 수 있어요.

부모의 연습장

부모의 연습장

놀이 목적

상상력을 발휘하여 언어를 새롭게 조합하고, 표현력과 묘사력을 기우는 놀이입니다.

놀이 방법

가상의 메뉴판을 만들어요.

예: '용감한 스파게티', '하늘색 라면', '깜짝 놀란 김밥'

메뉴를 하나 고르고, 어떤 음식인지 설명해요.

말도 안 되는 조합일수록 좋아요. 맛, 재료, 색깔 등을 자유롭게 말해요.

예시 대화

엄마: "오늘은 수상한 레스토랑에 왔어요~ 메뉴판 좀 볼까요?"

아이: "저는 '깜짝 놀란 김밥' 주세요!"

엄마: "어떤 음식인가요?"

아이: "먹으면 눈이 번쩍 떠지고 김밥이 깡충깡충 뛰어요!"

엄마: "그럼, 엄마는 '용감한 스파게티' 주세요!"

아이: "그건 후추 폭탄이 들어 있어서 눈물이 날 수 있어요. 하지만 끝까지 먹으면 용기가
생긴대요!"

엄마 한마디

"세상에 없는 요리도 뚝딱 만들어 내다니, 정말 상상력이 멋지구나."

놀이가 자라는 한 문장

상상의 재료를 섞다 보면, 말에도 이야기가 스며들어요.

놀이 응용

- 그림을 그려보며 메뉴 상상하기
- 실제 음식을 먹으며 엉뚱한 이름 지어보기
- '수상한 시간표', '수상한 이름표' 등 만들기 미션

엄마를 위한 팁

- 아이가 만든 메뉴로 짧은 이야기를 만들어보세요. "이 요리를 먹으면 무슨 일이 생길까?"
- 실제 메뉴판처럼 꾸며보면 아이가 더 몰입해요.

7

이상한 광고 만들기 미션

놀이 목적

광고 문구를 재치 있게 만들어보며 창의적 말 표현을 길러요.

놀이 방법

물건 하나를 정해서 그 물건을 파는 광고 문장을 만들어봐요.
구체적으로 설명할수록 말의 설득력, 묘사력이 연습 돼요.

예시 대화

엄마: "오늘 광고할 물건은 짜잔! 평범한 양말!"

아이: "에이~ 너무 평범한데~"

엄마: "자~ 이름을 들어봐. '도망가는 양말'이야!"

아이: "도망가요? 그럼, 아침에 안 신으려고 도망가는 거예요?"

엄마: "맞아! 학교 가기 싫은 날엔 슬쩍 도망가 버리는 말썽꾸러기 양말이지~"

아이: "하하, 재밌다! 학교 가기 싫은 날, 알아서 사라지는 도망 양말!"

엄마: "잡히면 신어야 하니, 조심하세요. 도망가는 양말입니다!"

놀이 응용

- 엉뚱한 제품 이름을 카드로 만들고 뽑아 광고 문장 만들기
- 친구들끼리 광고왕 뽑기
- 광고 그림 그려서 포스터로 완성하기

엄마를 위한 팁

- 광고는 짧은 말로 강한 인상을 주는 연습이에요.
- 엉뚱한 소재일수록 더 재밌게 말이 튑니다.

8

거꾸로 생각해봐요

놀이 목적

문장의 구조를 자유롭게 다뤄보며 말의 순서와 조합에 따라 의미가 달라질 수 있다는 것을 놀이로 익혀요.

놀이 방법

간단한 문장을 정하고 문장의 앞과 뒤 순서를 바꿔서 엉뚱하고 새로운 문장을 만들어요. 말장난처럼 놀면서 의미의 변화를 느껴보는 게 핵심이에요.

예시 대화

엄마: "고양이가 생선을 먹었어요."

아이: "그럼, 바꿔서… 생선이 고양이를 먹었어요! 으악!"

엄마: "푸하하, 이번엔 엄마 차례! '엄마가 커피를 마셨어요!' 바꿔볼까?"

아이: "커피가 엄마를 마셨어요! 으잉~ 커피 괴물이다!"

엄마: "좋아. 말이 이상해질수록 더 재미있어~"

엄마의 한마디

"발상을 뒤집는 순간, 너만의 생각이 번쩍하고 빛났어!"

놀이가 자라는 한 문장

문장의 순서를 바꾸면, 생각의 순서도 달라집니다.

놀이 응용

- 동물, 음식, 친구 이름이 들어간 문장으로 해보기
- 카드에 명사/동사를 적어놓고 섞어 무작위 문장 만들기

엄마를 위한 팁

- 생각을 거꾸로 돌려보는 연습이 바로 창의력의 씨앗이에요.
- "일부러 이상하게 말해볼까?"처럼 유도하면 아이가 부담 없이 자기 생각을 꺼내기 쉬워요.

9

물건과 우다 떨기

놀이 목적

사물에 감성을 부여하며 상상력과 표현력을 키워요.

놀이 방법

주변 물건을 정하고, 그 물건이 말을 한다면 무슨 말을 할지 상상해요.
말을 거는 순간, 아이는 물건을 관찰하고 자기 마음을 투영하면서 상상력이 확장돼요.

예시 대화

엄마: "오늘은 너의 칫솔이랑 수다 한 번 떨어볼까?"
아이: "좋아요! (칫솔을 들고) 아~ 오늘은 너무 힘들었어. 이를 다섯 번이나 닦았거든!"
엄마: "어머, 그랬구나! 입안 여행을 다섯 바퀴나 돌았네?"
아이: "그리고 입속은 맨날 어두워서 좀 무서워…"
엄마: "그런 줄도 모르고 매일 너한테만 맡겼네~ 고마워, 칫솔아!"

엄마 한마디

"작은 물건한테도 마음을 나누다니, 너는 정말 다정한 아이구나."

놀이가 자라는 한 문장

사물을 바라보는 눈이 달라지면 말도 따뜻해져요.

놀이 응용

- 일기처럼 '오늘의 물건 편지' 쓰기
- 물건 둘이 대화하게 만들기
- 물건의 기분을 색깔로 표현해 보기

엄마를 위한 팁

- 물건의 기분이나 일과를 묻다 보면, 아이가 자연스럽게 감정과 생각을 말로 표현하게 돼요.
- 아이가 물건과 대화에 몰입할 수 있도록 목소리나 표정을 살짝 바꿔주면 훨씬 재밌어져요.

**한 단어로
이야기 짓기**

10

놀이 목적

제시된 단어를 중심으로 상상해 이야기를 만들어보며 말의 확장력을 기릅니다.

놀이 방법

단어 하나를 정하고, 그 단어가 포함된 짧은 이야기를 만들어 말해요.
"그 단어가 주인공이라면?", "그 단어로 시작되는 이야기는 어떤 걸까?"로 시작해 보세요.

예시 대화

엄마: "오늘의 단어는 '지갑'! 지갑으로 짧은 이야기해 볼까?"
아이: "음... 옛날에 말을 하는 지갑이 있었어요."
엄마: "오~ 말하는 지갑이라니!"
아이: "이 지갑은 매일 자기가 좋아하는 동전을 골라서 자랑했어요."
엄마: "그런데 어느 날, 동전이 하나도 안 들어온 날이 있었데요."
아이: "그래서 지갑은 슬퍼서 입을 꽉 닫고 아무 말도 안 했어요."

엄마 한마디

"단어 하나로 이렇게 멋진 이야기를 만들다니, 진짜 작가 같아!"

놀이가 자라는 한 문장

단어는 이야기를 부르는 신호예요.

놀이 응용

- 단어 뽑기 상자에서 뽑은 단어로 이야기 짓기
- 다른 사람이 이어서 다음 문장 만들기
- 단어를 그림으로 그린 후 이야기 만들기

엄마를 위한 팁

- 처음엔 이야기 흐름이 어색해도 격려해 주세요.
- 아이가 만든 이야기를 글로 써보는 것도 좋은 확장입니다.

부모의 연습장

부모의 연습장

왜일까?
추리 게임

11

놀이 목적

이유를 유추하는 과정을 통해 논리적인 말하기를 연습해요.

놀이 방법

일상 속 이상한 장면을 상상해서 '왜 그랬을까?'를 생각해봐요.

예: "개미가 줄을 안 서고 흩어졌어. 왜 그럴까?"

예시 대화

엄마: "오늘 아침에 운동장에 갔는데, 거북이가 운동화를 신고 있었대! 왜일까?"

아이: "음… 발이 다칠까 봐 그랬나?"

엄마: "오~ 진짜 그럴 수 있겠다. 혹시 체육대회 준비 중일 수도 있고!"

아이: "아니면… 토끼랑 다시 달리기 시합하려고 작정한 건지도 몰라요!"

엄마: "하하, 이번엔 이기려고 전략을 짠 거네?"

아이: "응! 그래서 운동화 속에 작은 로켓도 숨겨놨대요. 비밀 무기처럼!"

엄마: "와~ 말도 되고 상상도 멋지다. 이유가 점점 재미있어지네!"

엄마 한마디

"그럴듯한 이유도, 엉뚱한 상상도 다 괜찮아. 너처럼 생각을
자유롭게 이어가는 게 진짜 멋진 거야."

놀이가 자라는 한 문장

이유를 말해보는 순간, 말에도 생각에도 힘이 생겨요.

놀이 응용

- 이상한 사진이나 그림을 보고 "왜일까?" 질문하기
- "진짜 이유 vs 상상 이유" 나눠 말해보기

엄마를 위한 팁

- 아이가 엉뚱하게 말해도 "그럴 수도 있겠다!" 하고 반응해 주세요.
- 중간중간 "진짜 이유는 뭐였을까?"하고 물어봐 주면, 아이도 생각을 정리하고, 현실과 상상의 경계도 배울 수 있어요.

놀이 목적

질문 하나가 달라질 때 어떤 식으로 의미가 변하는지 자연스럽게 익히게 됩니다.

놀이 방법

아이가 잘 알만한 질문을 하나 말해보세요. 그 질문 속 단어 하나를 바꿔 전혀 엉뚱한 질문으로 바꾸는 놀이입니다.

예: "왜 고양이는 점프를 잘할까?" → "왜 냉장고는 점프를 잘할까?"

단어 하나만 바꿔도 질문의 세계가 달라져요! 아이 스스로 바꾸게 해보세요.

대화 예시

엄마: "밥은 왜 먹어야 할까?"

아이: "안먹으면 배고프니까"

엄마: "그럼 '물'로 바꿔서, 물은 왜 마셔야 할까?"

아이: "목마르니까~"

엄마: "이번엔 엉뚱하게, 밥은 왜 웃으면서 먹어야 하지?"

아이: "ㅋㅋ 그럼 더 맛있을거 같아!"

엄마 한마디

"답보다 멋진 건, 바로 너처럼 멋진 질문을 던지는 거야."

놀이가 자라는 한 문장

질문을 만드는 순간, 생각은 스스로 문을 열어요.

놀이 응용

- 두 단어 바꾸기: 질문 속에서 두 단어를 바꾸면 더 엉뚱한 상상이 가능해져요.
- 질문 바꿔 이어 말하기: 바뀐 질문을 이어받아 둘이 번갈아 대화해 보세요.
- 질문 속 등장인물 바꾸기: 사람 대신 동물이나 사물로 바꿔보는 것도 재미있어요.

엄마를 위한 팁

- 아이가 만든 질문을 메모해 두면 생각의 방향을 엿볼 수 있어요.
- '그건 이상해!'보다는 '왜 그렇게 생각했어?'로 반응해 보세요. 상상을 지지받는 경험이 중요해요.

**상상 대화
공장**

13

놀이 목적

존재하지 않는 인물이나 상황을 상상하며 대화 문장을 구성해요.

놀이 방법

상상의 친구, 동물, 사물과 대화한다고 생각하고 말을 주고받아요.
예: "난 초콜릿 별에서 왔어. 여긴 뭐 하는 곳이야?"

예시 대화

엄마: "오늘은 '상상 대화 공장'에 새로운 손님을 모셔볼게요! 첫 번째는 '비 오는 구름'입니다."

아이: "안녕하세요. 저는 오늘 하루 종일 울고 있는 구름이에요…"

엄마: "다음 손님은 우산이네요! 인사해 주세요!"

아이: (우산 목소리로) "아유~ 저 그 구름 때문에 허리가 다 젖었잖아요!"

엄마: (구름 목소리로) "미안해요. 감정 조절이 잘 안돼서요… 요즘 스트레스가 많아서… 우산 씨, 이해해 주실 수 있나요?"

아이: (우산 목소리로) "흐음… 뭐, 저는 원래 그런 날을 위해 태어났으니까요!"

엄마: "와~ 감정 있는 구름과 이해심 많은 우산이라니. 오늘도 공장에서 멋진 대화가 만들어졌네요!"

놀이 응용

- 인형이나 장난감 목소리로 대화하기
- '외계인', '마법사' 같은 역할 카드를 뽑아 대화
- 어른이 이상한 말만 하고, 아이가 통역하기 놀이

엄마를 위한 팁

- 아이가 현실에서 벗어나 자유롭게 말할 수 있는 시간이 돼요.
- 말실수도 격려로 이어주는 것이 중요합니다.

14

반전 문장
이어 말하기

놀이 목적

예상 밖의 말 흐름을 만들어보며 말의 창의적 구성력을 키워요.

놀이 방법

문장의 앞부분은 평범하게 시작하고, 뒷부분에 꼭 반전을 넣어 이어 말해요.

예: "나는 오늘 신나게 놀았어… 그런데 꿈속이었어!"

앞부분은 '많이 들어본 문장'일수록 좋아요. 익숙한 말의 흐름을 겪어보며 말의 구조와 창의성을 함께 느낄 수 있어요.

예시 대화

엄마: "나는 너무 졸려서…"

아이: "춤췄어!"

엄마: "뭐라고?! 졸려서 춤췄다고?"

아이: "응! 잠 깨려고 디스코 췄어!"

엄마: "하하~ 그럼 다음, "나는 배가 고파서…"

아이: "수박이랑 눈싸움했어!"

엄마: "아니, 수박이랑 눈싸움은 왜?"

아이: "누가 더 맛있게 생겼나 겨루는 거지!"

엄마: "재밌다. 자, 이제 엄마 차례. "나는 너무 심심해서…"

아이: "벽이랑 가위바위보 했어!"

놀이 응용

- '웃긴 반전', '슬픈 반전', '엉뚱한 반전' 주제로 나눠 보기
- 가족끼리 반전 말하기 릴레이 놀이

엄마를 위한 팁

- 말이 안 되는 문장도 괜찮아요. 중요한 건, 다르게 말해보는 연습이라는 점을 기억해 주세요.
- 반전 문장을 짓다가 웃음이 터지는 순간이 아이의 유연한 언어 감각을 길러주는 시간이랍니다.

'우상해'의
마법

15

놀이 목적

세상을 '다르게 바라보는 눈'을 갖게 해주는 말놀이예요.

놀이 방법

아이와 함께 주변에서 '수상한' 것을 찾아 말로 표현해 봅니다. 꼭 진짜 이상한 것이 아니어도 괜찮아요.

"진짜 수상한지보다, 수상하다고 생각해보는 게 상상의 시작이에요."

대화 예시

엄마: "길에 신발이 한 짝만 떨어져 있었어. 수상하지 않아?"

아이: "진짜 수상하다... 혹시 도깨비가 신고 다니다가 한 짝만 벗고 도망간 걸까?"

엄마: "아니면, 신발이 너무 답답해서 스스로 탈출했을 수도 있어!"

아이: "하하~ 혼자 도망친 신발! 그럼, 나머지 한 짝은 지금 쓸쓸해하고 있겠네?"

엄마: "어쩌면, 신발 둘이 싸웠을지도 몰라. '너랑은 더 못 걷겠어!' 하고."

아이: "으하하! 그래서 한 짝은 화가 나서 도로를 떠난 거야!"

놀이 응용

- 사진 탐정 놀이: 잡지나 사진첩에서 수상한 장면을 골라 말해보기
- 그림책에서 수상한 부분 찾기: 이야기 속에 숨어 있는 엉뚱함을 찾아보세요.
- '왜 수상하지?' 말 만들기: 일부러 수상한 이유를 꾸며내며 상상력 키우기

엄마를 위한 팁

- 아이의 말이 억지스럽고 말도 안 되는 이유여도 웃으며 함께 즐겨주세요.
- 아이가 느끼는 '다름'과 '이상함'은 말의 힘으로 세상을 해석해 보는 첫 시도예요.

부모의 연습장

부모의 연습장

16

발표왕의 프레젠테이션

놀이 목적

자신의 생각을 조리 있게 말로 정리하고, 타인 앞에서 말하는 경험을 해봅니다.

놀이 방법

일상 물건 하나를 고릅니다. "이걸 발표하듯 설명해 줘!" 하고 프레젠테이션을 시켜봅니다. 소개, 특징, 사용법 등을 순서대로 말해보게 합니다.

예시 대화

엄마: "자, 오늘은 발표왕의 새로운 도전! 직접 만든 걸 소개해 주세요~"

아이: (종이접기 작품을 들고) "이건 제가 만든 비행기예요."

엄마: "와, 언제 만들었고, 어떤 점이 마음에 들어요?"

아이: "어제 만들었어요. 잘 날아서 좋아요. 앞에 무늬도 제가 꾸몄어요."

엄마: "발표 너무 잘했어요. 청중에게 하고 싶은 말이 있을까요?"

아이: "네, 여러분도 한번 접어보세요! 재밌어요.

엄마 한마디

"네 생각을 듣는 게 너무 즐거워. 천천히, 차례차례 말하면 더 멋지게 들릴 거야."

놀이가 자라는 한 문장

말로 무언가를 설명하는 연습은 생각을 정리하는 첫걸음이에요.

놀이 응용

- 물건 소개 방송 놀이
  예: 집 안에서 마음에 드는 물건을 골라 "홈쇼핑 스타일"로 소개해 보기.
- 가족 발표회 열기

엄마를 위한 팁

- 아이가 망설이면 "먼저 이름부터 말해볼까?"처럼 구조를 짚어 주세요.
- 발표 중간, 박수나 리액션으로 분위기를 격려해 주세요.
- 발표 장면을 찍어 함께 보며 스스로 돌아볼 기회를 줘요.

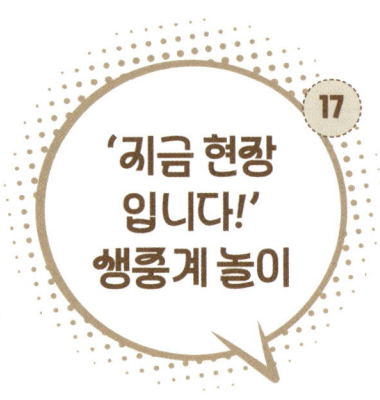

'지금 현장
입니다!'
행쿵계 놀이

17

놀이 목적

언어 표현에 생동감을 더하고, 상황을 실감 나게 전달하는 연습을 합니다.

놀이 방법

현재 일어나는 행동이나 장면을 중계하듯 말하게 합니다.
가족의 움직임이나 놀이 상황을 실시간으로 설명해도 좋아요.

예시 대화

아이: "지금 엄마가 부엌으로 걸어갑니다. 손에는 국자를 들고 있어요!"

엄마: "오~ 그다음엔 무슨 일이 벌어질까요?"

아이: "조심조심 국을 푸고... 뜨거운 냄비 앞으로 갑니다. 그리고 이제 식탁 위로 국을 붓
습니다. 따끈따끈한 국이 담겼어요!"

엄마: "이야~ 중계 정말 실감나는데?"

"와~ 너의 말을 들으니까 마치 내가 거기 있는 것처럼 느껴져!"

놀이가 자라는 한 문장

지금 눈앞에 있는 걸 생중계하듯 말해보면, 말하는 집중력이 쑥쑥 자라요.

놀이 응용

- 텔레비전 스포츠 중계를 보며 직접 따라 해보기
- 머릿속 생각을 실시간으로 말하게 해요.
  예: "지금 저는 무슨 말을 해야 할까 고민 중이고요… 아! 이 생각을 말해도 되나요?"

엄마를 위한 팁

- "그건 어떤 모양이야?"처럼 질문으로 표현을 넓혀주세요.
- 아이가 말하는 동안 효과음을 추가해 주는 것도 재미 요소가 됩니다.

18

이 장면의 제목은?

놀이 목적

세상을 비라보는 시선과 상상력을 키웁니다.

놀이 방법

그림책 장면, 창밖 풍경, 가족사진 등 다양한 상황을 보여줍니다.
아이에게 "이 장면에 제목을 붙인다면?" 질문합니다.
서로 다른 제목을 붙이고 이유를 이야기해 봅니다.

예시 대화

엄마: "방금 상황에 제목을 붙인다면 뭐라고 할래?"
아이: "양말 안 신겠다고 도망간 아침!"
엄마: "오, 괜찮은데? 또 다른 제목도 생각나?"
아이: "엄마의 양말 사냥 대작전!"
엄마: "하하, 너무 웃긴다. 제목만 들어도 무슨 일인지 알겠어."
아이: "나 제목 짓는 거 너무 재밌어!"
엄마: "그럼, 오늘 하루 중 제일 기억나는 장면에도 제목 한번 붙여볼까?"

엄마 한마디

"짧은 제목 안에 네 생각이 쏙 들어있네! 이야기를 꿰뚫어 보는 힘이 생긴 거야."

놀이가 자라는 한 문장

상황을 한 줄로 요약하는 말은 생각을 꿰는 실이 됩니다.

놀이 응용

- 가족사진을 모아놓고 제목 대결하기
- 뉴스처럼 상황 제목 붙이기 (예: '우산이 사라진 아침')

엄마를 위한 팁

- 이유를 물을 때는 "왜?" 대신 "어떤 장면이 그렇게 느껴졌어?"처럼 부드럽게 물어보세요.
- 아이의 제목을 메모하거나 기록해 주면 '내 말이 가치 있다'는 느낌을 줄 수 있어요.

19

나만의
정의사전

놀이 목적

자기 생각을 언어로 구조화하고, 단어의 의미를 확장해 봅니다.

놀이 방법

단어 하나를 제시합니다. 사전처럼 정의해 보게 하되, 아이만의 느낌을 담게 합니다.
친구나 가족의 정의와 어떻게 다른지 생각해보는 것도 좋아요.

예시 대화

엄마: "'친구'란 단어에 너만의 정의를 붙인다면 뭐라고 할래?"
아이: "음... 나랑 장난치고, 비밀도 말할 수 있는 사람!"
엄마: "오~ 멋지다. 너한텐 '비밀을 나눌 수 있는 사람'이 친구구나."
아이: "그리고 나랑 같이 웃긴 소리도 해줘야 돼!"
엄마: "하하, 웃긴 소리 중요하지! 그럼, '시간'은 어떤 뜻일까?"
아이: "아! 시간이란… 내가 놀다 보면 갑자기 사라지는 거!"
엄마: "와~ 그건 진짜 너만의 정의다. 기발하다."

놀이 응용

- '사랑', '행복', '화' 같은 감정 단어로 정의하기
- 일상 물건에도 정의 붙이기 (예: 젓가락 = 밥 친구)

엄마를 위한 팁

- 아이가 단어에 머뭇거리면 "그 말 들으면 어떤 기분이 들어?"처럼 풀어주세요.
- 정의한 단어를 적어 모으면 '아이만의 사전'이 됩니다.

놀이 목적

자기 생각을 말로 정리하고, 다름을 존중하는 태도를 배웁니다.

놀이 방법

상황 질문이 적힌 카드를 보여줍니다. (예: "놀이시간이 10분 남았어. 뭐 할래?")

아이가 자신의 생각을 말하고, 엄마도 생각을 나눕니다.

다를 때는 이유를 말해보는 연습까지 이어갑니다.

예시 대

엄마: "(카드를 펼치며) '학교는 꼭 다녀야 할까?' 이 질문, 네 생각은 어때?"

아이: "음… 나는 꼭 다녀야 된다고 생각해. 친구들도 만나고 배우는 게 많잖아."

엄마: "그렇구나. 만약 학교가 없다면 어떤 세상이 될까?"

아이: "혼자서 책만 봐야 할지도 몰라. 재미없고 외로울 것 같아."

엄마: "그럴 수도 있겠다. 그럼 '숙제는 꼭 해야 할까?' 이건 어때?"

아이: "꼭은 아니지만, 연습하긴 좋아! 너무 많지만 않으면~"

엄마: "네 생각을 들으니까, 숙제가 왜 필요한지도 다시 생각하게 되네."

엄마 한마디

"생각이 다르다고 틀린 게 아니야.
너의 생각이 어떤지 들려주는 건 멋진 일이야."

놀이가 자라는 한 문장

내 생각을 건강하게 표현할 수 있을 때
비로소 남의 생각도 들을 줄 아는 아이가 됩니다.

놀이 응용

- 질문 뽑기 카드 만들기
  예: "로봇이 숙제해 주는 세상은 어때?", "하늘에 색이 있다면 무슨 색이 좋을까?"
- '내 생각 말하기' 미니 발표 놀이
- 하루 1장, 질문 카드 뽑고 짧게 발표해 보기

엄마를 위한 팁

- 정답 없는 질문을 던지고, 어떤 대답이든 귀 기울여 주세요.
- 아이가 말한 생각을 그대로 따라 말해주는 것도 큰 공감이 됩니다.
- 아이의 생각을 바로 판단하지 않고 '이유를 듣는' 태도가 중요해요.

부모의 연습장

부모의 연습장

5부

감정으로 노는 아이

다정한 말은
마음을 자라게 합니다

말을 배운다고 해서 모두 다정한 사람이 되는 건 아닙니다.

하지만 다정한 말을 자주 듣고 자란 아이는 스스로도 누군가에게 따뜻한 말을 꺼낼 줄 알게 됩니다.

감정은 종종 말보다 먼저 옵니다.

그래서 그 감정을 말로 옮기는 훈련이 되어 있어야만 아이는 훨씬 건강하게 성장할 수 있습니다.

이 파트의 말놀이는 아이에게 감정을 말로 풀어내는 연습을 하게 해주고, 친구나 가족에게 마음을 건네는 연습도 함께 담고 있습니다.

"감정은 스쳐 가지만, 그 감정을 담은 말은 오래 기억에 남습니다."

감정 말놀이
안내문

아이는 감정을 표현하기 위해 단어와 문장을 배우고, 그 안에서 '나'를 발견합니다.
감정 말놀이는 아이가 자신의 마음을 말로 다듬어가는 과정입니다.

이 파트에서는 '마음을 알아차리는 말', '마음을 표현하는 문장'을 함께 익히며 아이의 감정
표현력과 공감 능력을 자연스럽게 키워갑니다.

감정 말놀이, 이렇게 해보세요

감정을 바로잡기보다 그대로 이름을 붙여주세요.
말이 어려울 땐 먼저 표정, 몸짓, 그림으로 감정을 표현해 보세요.
엄마도 감정을 말하는 모습을 자주 보여주세요.

놀이 중 이렇게 말해보세요

"그 기분, 색깔로 말하면 어떤 색일까?"
"그 마음, 단어로 말하면 뭐가 좋을까?"
"엄마도 오늘 좀 속상했어. 너는 어땠어?"

감정 단어 카드 뒤집기

놀이 목적

다양한 감정 단어를 익히고, 감정을 구별하며 말로 표현하는 능력을 키웁니다.

놀이 방법

감정 단어가 적힌 카드를 뒤집어 놓고, 짝 맞추기나 설명 맞히기 게임을 해보세요.

카드 1세트에는 감정 단어 (예: 기쁘다, 화나다, 서운하다, 신나다 등)를 적고, 카드 2세트에는 감정에 어울리는 상황 그림, 표정, 혹은 감정의 설명을 적어요.

같은 감정을 뜻하는 '단어' – '설명이나 표정' 짝을 맞추면 성공!

예시 대화

엄마: "이 카드에 '기쁨'이라고 쓰여있네?"

아이: "내가 기쁜 표정 카드도 찾아볼게! 찾았다!"

엄마: "맞았어! 웃는 얼굴 보이지? 넌 언제 기뻤는지 기억나?"

아이: "어제 아빠랑 놀이터 갔을 때!"

엄마: "오, 그때 진짜 기뻤겠다. 이번엔 엄마가 뒤집어볼게."

엄마: "'속상해' 카드네. 엄마는 오늘 아침에 커피 쏟았을 때 속상했어."

아이: "아, 나도 장난감 부서졌을 때 속상했었어."

엄마 한마디

"감정은 숨바꼭질처럼 숨어 있는데 말로 꺼내주면 찾아져."

놀이가 자라는 한 문장

감정을 구별하고 표현할 줄 아는 아이는 자기 마음의 주인이 됩니다.

놀이 응용

- 표정 따라 말하기: 카드의 표정을 따라 해본 뒤 감정을 말로 표현해요.
- 감정 상황극: 카드에 나온 감정으로 짧은 상황극을 만들어봐요.
- 감정 연결 게임: 감정 카드 하나를 골라 비슷한 감정을 가진 다른 단어를 이어보게 해요.
  예: '속상해' → '실망했어', '짜증 나', '섭섭해'

엄마를 위한 팁

- 감정 단어는 '좋은 감정'만이 아니라 서운함, 질투, 초조함처럼 다양한 감정으로 넓혀주세요.
- "그랬구나!" "그럴 수 있지!" 같은 공감 표현이 감정표현에 날개를 달아줘요.

오늘 내 기분은? 한 단어로

놀이 목적

자기 기분을 말로 표현하며 감정 인식을 키워요.

놀이 방법

하루 중 가장 기억에 남는 순간을 떠올리며 그 기분에 어울리는 단어를 골라 말해보아요.
구체적인 상황과 감정을 연결하면 표현이 더 풍부해져요.

예시 대화

엄마: "오늘 하루 어땠어? 지금 기분을 딱 한 단어로 말해본다면?"

아이: "'복잡' 같아."

엄마: "복잡하다고 느낄 때가 있었구나. 어떤 일이 있었는지 말해줄래?"

아이: "아까 친구들이랑 놀다가 내가 들고 간 장난감이 고장 났는데, 말도 못 했어."

엄마: "아... 속으로 뭔가 마음이 얽힌 느낌이었겠다. 속상한 것도 있고, 말 못 한 것도 답답
하고."

아이: "맞아, 여러 감정이 섞였던 것 같아."

엄마: "그걸 '복잡해!'라고 말해준 거 멋지다. 마음을 잘 들여다봤구나."

엄마 한마디

"기분을 말로 꺼내는 순간, 마음이 조금 가벼워질 수도 있어."

놀이가 자라는 한 문장

감정을 한 단어로 정리하는 연습은
스스로의 마음을 명확히 인식하는 데 도움이 됩니다.

놀이 응용

- 감정 사전 만들기: 그날 말한 감정 단어를 노트에 써서 나만의 감정사전을 만들기
- 감정 날씨와 연결하기
  예: '쓸쓸해' = 흐리고 바람 부는 날 / '기대돼' = 햇살 가득한 날

엄마를 위한 팁

- 아이가 표현한 감정을 정리하려 하지 말고, 그 단어를 그냥 '받아주는 것'이 먼저예요.
- 감정을 평가하기보단, "그럴 수 있어!", "그 감정도 중요해!"라고 인정해 주는 태도가 핵심이에요.

3

그림 속 감정 말해볼까?

놀이 목적

타인의 표정과 행동을 보며 감정을 추론하고 말로 표현해요.

놀이 방법

그림이나 사진을 보여주고 등장인물이 어떤 기분일지 말해보아요.
예: "이 아이는 넘어졌어요. 어떤 기분일까?" → "아플 것 같아요."
상황을 상상하며 감정을 말로 표현하는 연습이에요.

예시 대화

엄마: "이 그림 속 친구, 어떤 기분 같아 보여?"

아이: "입이 삐죽 나왔어. 삐쳤나?"

엄마: "오, 그런가 보다! 어떤 상황일까?"

아이: "옆에 친구가 아이스크림 먹고 있는데, 이 친구는 없잖아."

엄마: "그래서 속상하고 삐진 걸 수도 있겠네."

아이: "응. 나도 옛날에 나만 간식 못 먹었을 때 그랬어."

엄마: "기억을 연결해서 말해주니 더 잘 이해된다. 멋지다!"

놀이 응용

- 그림 속 인물 옆에 말풍선 그리고 말 채우기
- 감정 상황 바꾸기: 같은 그림을 보고 "이 친구가 기쁘다고 상상하면 어떤 일이 있었을까?" 처럼 감정을 바꿔 상상해요.

엄마를 위한 팁

- 아이가 그림에서 무엇을 먼저 보는지 잘 들어보세요. 표정, 눈빛, 손 모양 등 관심을 가지는 포인트가 곧 아이의 감정 인식 방식이에요.
- "그림 속 마음을 상상하는 힘"은 실제 상황에서도 타인의 마음을 헤아리는 연습으로 이어져요.

4

사진 속 마음 찾기

놀이 목적

가족사진이나 일상 사진 속 표정을 관찰하며 감정을 유추하고 말로 표현하는 연습을 합니다.

놀이 방법

가족사진을 한 장 골라요. 사진 속 인물들의 표정을 보며 어떤 감정일지 상상하고 말로 표현해 보세요.

감정을 꼭 맞히지 않아도 괜찮아요. 아이의 시선과 느낌을 존중하며 들어주세요.

예시 대화

엄마: "이 사진 한번 볼까? 여긴 우리가 여행 갔을 때지."

아이: "아, 나 여기서 모래놀이 했었지!"

엄마: "그때 네 표정 어때 보여?"

아이: "웃고 있으니까, 신났던 것 같아."

엄마: "신났던 이유가 뭐였을까?"

아이: "모래성 진짜 크게 만들어서! 물도 부었잖아."

엄마: "맞아, 그때 너한테서 '너무 재밌다!'는 마음이 느껴졌었어."

엄마 한마디

"사진 속 표정을 읽다 보면, 말로 다 못 한 감정도 들리는 것 같아."

놀이가 자라는 한 문장

사진 속 기억을 감정으로 떠올려보는 건, 마음을 되짚는 따뜻한 시간이 됩니다.

놀이 응용

- 감정 이름 붙이기: 사진마다 제목 대신 '기분'을 써서 분류해 보기
  예: '두근두근한 날', '살짝 속상한 날', '편안한 하루'
- 마음 편지 쓰기: 사진 속의 나 또는 가족에게 짧은 편지를 써봐요.
  예: "그날 너, 진짜 즐거워 보였어. 나도 그랬어."

엄마를 위한 팁

- 오래된 사진도 좋아요. 감정의 변화를 이야기하며 추억을 나누는 기회가 됩니다.
- 꼭 웃고 있는 사진만 고르지 않아도 괜찮아요. 멍한 표정, 울기 직전의 얼굴도 '그 순간의 마음'을 이해하는 소중한 기회가 돼요.

이럴 땐
무슨 말을
듣고 싶어?

놀이 목적

다양한 상황을 상상하며, 감정에 맞는 위로 · 격려 · 공감 표현을 스스로 떠올려봅니다.

놀이 방법

감정 상황을 말해주고 "이럴 땐 어떤 말이 듣고 싶을까?"를 묻습니다.
아이가 원하는 말, 위로, 격려의 말을 자유롭게 만들어봅니다.
말보다 감정에 집중해요.

예시 대화

엄마: "'친구랑 놀고 싶었는데, 나만 못 놀았어.' 이런 상황에서 어떤 말을 들으면 좋을까?"
아이: "너 혼자여서 속상했겠다."
엄마: "와, 공감해 주는 말이네. 또 다른 말도 있을까?"
아이: "'다음엔 꼭 같이 놀자!' 그런 말이면 기분 좋아질 것 같아."
엄마: "멋지다. 마음을 쓰다듬는 말을 스스로 찾을 수 있다니."

엄마 한마디

"말은 좋은 약이 될 수도 있고, 포근한 이불이 될 수도 있어."

놀이가 자라는 한 문장

듣고 싶은 말을 떠올리는 건 내 마음을 스스로 어루만지는 연습입니다.

놀이 응용

- 가족 상황으로 바꿔보기 (예: "아빠가 야근하고 피곤할 때")
- 반대로 "이럴 땐 듣기 싫은 말은 뭐였을까?"도 함께 해보기

엄마를 위한 팁

- 아이가 말한 표현이 어색해도 "그 말도 따뜻하네!" 하며 지지해 주세요.
- 위로하는 말을 잘 못 떠올려도 괜찮아요. 아이의 경험에서 우러나온 짧은 말 한마디가 어른이 가르쳐주는 문장보다 훨씬 진심일 수 있어요.

부모의 연습장

감정 말투
힐험힐

6

놀이 목적

감정 단어마다 어울리는 말투를 상상하고 표현해 보며 감정 언어 감각을 기릅니다.

놀이 방법

하나의 감정 단어를 정하고, 그 감정이라면 어떤 말투로 말할지 상상해서 말해보아요.
예: "떨려요!" → 목소리가 작고 빠르게, "신나요!" → 크고 들뜬 목소리
감정에 따른 말투를 자유롭게 실험해 보는 게 포인트예요.

예시 대화

엄마: "'지금 갈게'라는 문장을 기쁘게 말하면?"
아이: "지금 갈게!" (신나게)
엄마: "그럼, 지루할 땐?"
아이: "지금… 갈게…" (심드렁하게)
엄마: "무서울 땐 어떻게 말할까?"
아이: "지금… 갈게요…" (소심하고 떨리게)
엄마: "같은 말인데 기분 따라 다르게 들리네. 진짜 실험실 같다!"

엄마 한마디

"감정은 말투를 타고 사람에게 전해져."

놀이가 자라는 한 문장

같은 말을 다른 감정으로 말해보면 말의 분위기와 느낌을 조절할 수 있어요.

놀이 응용

- 감정+문장 실험 카드 만들기

  감정 카드(예: 기쁨, 지루함, 자신감) + 문장 카드(예: "이게 뭐야?", "정말 고마워!"–)
  랜덤으로 뽑아 조합해서 말해보기
- 감정 숨기기 게임

  듣는 사람이 "이 말에 어떤 기분이 숨겨져 있을까?" 추측해 보기

엄마를 위한 팁

- 감정을 말로도, 말투로도 풀어보는 경험은 아이 마음의 언어를 풍부하게 해줘요.
- 아이의 말투를 따라 말해보면, 서로의 감정을 더 잘 이해하게 돼요.

7

감정 교환소

놀이 목적

서로의 감정을 주고받으며, 감정을 나누는 말의 따뜻함과 공간의 소통을 경험합니다.

놀이 방법

엄마와 아이가 각각 "오늘 느낀 감정 하나"를 고르고 말해요. 감정을 나눈 뒤, 상대의 감정에 대해 한마디씩 덧붙입니다.

예: "오늘 나는 실망했어." → "아, 그런 일이 있었구나. 다음엔 더 좋을 수 있을 거야."

말로 감정을 '주고받는' 느낌을 살리는 게 핵심이에요.

예시 대화

엄마: "오늘 나는 '허전한' 감정이 조금 있었어."

아이: "왜? 무슨 일 있었어?"

엄마: "그냥, 하루 종일 집에 혼자 있었더니 그런 느낌이 들더라."

아이: "그랬구나. 허전하고 심심했겠어. 그런데 나는 오늘 '재밌었어!'. 친구랑 미끄럼틀에서 계속 놀았거든!"

엄마: "우와~ 신나는 하루였네."

아이: "엄마한테도 재미 반 개 줄게. 내일은 같이 나가자!"

엄마: "오~ 감정 반 나눔이라니. 진짜 감정 교환소네?"

엄마 한마디

"마음을 주고받는 말 한마디가, 하루를 따뜻하게 바꿀 수 있어."

놀이가 자라는 한 문장

감정을 나누는 경험은 말이 서로를 연결해 주는 다리가 된다는 걸 느끼게 해줘요.

놀이 응용

- 감정 선물 주기: "오늘 기쁨 1개 보낼게!"처럼 감정을 선물처럼 표현해 보기
- 감정 바구니 만들기: 가족끼리 감정을 나눈 말을 종이에 써서 바구니에 모아보기

엄마를 위한 팁

- 아이가 감정을 말하지 않으려 할 때는 "그럼, 내가 먼저 오늘 감정 하나 줄게!" 하며 먼저 열어주는 게 좋아요.
- 감정이 다르더라도 비교하지 말고, "네 감정도, 내 감정도 다 소중해!"라는 메시지를 전달해 주세요.

8

감정 반응 속도 게임

놀이 목적

감정 상황에 빠르게 말로 반응해 보며, 감정 공감과 표현 습관을 자연스럽게 기릅니다.

놀이 방법

엄마가 감정 상황을 짧게 말해줍니다. 아이는 즉흥적으로 말 한마디로 반응합니다.
빠르게 반응하되, 상황에 어울리는 말 한마디를 찾는 연습이 핵심이에요.

예시 대화

엄마: "친구가 생일 파티에 초대 못 받았대."

아이: "속상했겠다… 내가 초대해 줄까?"

엄마: "강아지가 갑자기 아파졌대."

아이: "헉... 병원 데려갔어?"

엄마: "누가 숙제를 안 해서 혼났대."

아이: "혼나면 너무 무서울 텐데… 괜찮았을까?"

엄마: "와, 다 말이 되네. 너 진짜 반응 속도 빠르다!"

엄마의 한마디

"바로 건네는 말 한마디에도 마음이 담겨 있단다."

놀이가 자라는 한 문장

감정에 빠르게 반응해 보는 연습은 공감을 행동으로 옮기는 힘을 길러줘요.

응용 아이디어

- 타이머 도전 – 5초 안에 말하기! 제한 시간 내 말 만들기
- 역할 바꾸기 – 아이가 상황을 말하고, 엄마가 반응하기

엄마를 위한 팁

- 아이의 말이 짧아도 "좋은 반응이었어!" 하고 바로 피드백을 주세요. 말하기 자신감을 높여줘요.
- 감정보다 상황에 맞는 언어를 빠르게 떠올리는 연습이라는 걸 잊지 마세요.

9

감정 담아
편지쓰기

놀이 목적

자신의 감정을 글로 정리하며 진심을 말로 풀어내는 연습을 해요.

놀이 방법

고마운 사람, 서운했던 일, 기쁜 순간 등을 떠올려 짧은 감정 편지를 써보아요.
짧아도 괜찮아요. 마음을 담는 게 더 중요해요.

예시 대화

엄마: "누구한테 편지 쓰고 싶어?"

아이: "할머니요."

엄마: "무슨 마음을 전하고 싶어?"

아이: "보고 싶다고요."

엄마: "그럼, 짧게 써볼까?"

아이: "할머니, 빨리 보고 싶어요. 사랑해요."

엄마 한마디

"마음이 가는 곳엔 말보다 먼저 편지가 도착할 수 있어."

놀이가 자라는 한 문장

감정을 글로 써보는 경험은 말로 표현하기 어려운 마음을
천천히 꺼내보는 연습이 됩니다.

놀이 응용

- 고마운 마음 3줄 편지 쓰기
- 오늘 내 마음을 나에게 편지로 쓰기
- 동화 속 인물에게 진심의 편지 쓰기

엄마를 위한 팁

- 틀린 맞춤법은 신경 쓰지 않아도 괜찮아요. 마음이 담긴 말이 더 중요해요.
- 엄마도 함께 편지를 써서 아이에게 건네보세요. 말로는 못 했던 마음이 서로에게 다가갈
  수 있어요.

10

내 마음 색깔은 이런 소리

놀이 목적

감정을 색깔과 소리로 표현하며, 감정의 감각을 다채롭게 느껴보아요.

놀이 방법

"오늘 내 마음은 무슨 색일까?"를 떠올리고, 그 색에 어울리는 소리로 표현해 보아요.
예: "노랑은 뽀로롱~, 파랑은 조용히 흐르는 소리!"
감정을 언어 외 감각(색, 소리)으로 풀어보면 말로 표현하기가 수월해져요.

예시 대화

엄마: "오늘 마음이 어떤 소리였을까?"

아이: "'또르르…' 하는 물방울 떨어지는 소리?"

엄마: "그런 소리는 어떤 마음일 때 들릴까?"

아이: "뭔가 조용하고 살짝 외로운 기분일 때?"

엄마: "그런 마음이 있었구나. '또르르', 마음 한쪽이 조용히 울고 있었던 거네."

아이: "응. 근데 지금은 '포옥!' 하는 이불 속 소리 같아."

엄마: "아, 그건 편안하고 따뜻한 마음이구나. 듣기만 해도 기분이 좋아진다."

엄마 한마디

"네 마음이 어떤 소리였는지 들려줘서 엄마 귀가 좀 더 따뜻해졌어."

놀이가 자라는 한 문장

감정을 소리로 표현해 보는 경험은
마음을 감각적으로 들여다보는 힘을 길러줘요.

놀이 응용

- 감정 소리 사전 만들기
- 소리로 감정 이어 말하기 – 소리로 시작해서, 그 소리에 어울리는 감정 문장 만들어보기
  예: "또르르" → "오늘은 마음이 조용히 울고 있었어."

엄마를 위한 팁

- 표현 방식은 다양할수록 좋아요. 말로 설명하지 못해도 그림, 소리로 표현하는 게 감정 표현이에요.
- 감정을 정확히 표현하지 않아도 괜찮아요. 마음에 떠오른 느낌을 소리로 흘려보내는 연습 그 자체가 중요해요.

부모의 연습장

부모의 연습장

11

감정 씨앗 심기

놀이 목적

하루 동안 느낀 감정을 짧은 말로 기록하며, 감정을 말로 저장하고 표현하는 습관을 기릅니다.

놀이 방법

하루의 감정을 하나 고르고, 그 감정에 어울리는 말 한마디를 적어 '감정 씨앗 카드'를 만듭니다.

예: '오늘 기분: 속상함' → "그래도 내일은 다를 거야."

카드들을 작은 상자나 감정 화분에 모아보며, 말이 자라는 느낌을 경험하게 해요.

예시 대화

엄마: "오늘 마음에 콩콩 뛰는 순간이 있었어?"

아이: "있었어! 내일 소풍 가는 거 생각하니까 계속 웃음 나왔어."

엄마: "아, 그게 설렘이라는 기분이야."

아이: "맞아, 뭔가 두근두근!"

엄마: "그 기분을 문장으로 담아보면 뭐라고 쓸 수 있을까?"

아이: "내 마음이 풍선처럼 통통 떠 있었어."

엄마: "와, 그 말 너무 예쁘다. 내일을 기다리는 마음이 아주 잘 보이네."

놀이 응용

- 감정 모으기 주간 미션 – 일주일 동안 감정 씨앗 7개 심기!
- 감정 화분 만들기 – 종이컵, 상자 등 활용해 실제 화분처럼 꾸며보며 시각화하기
- 감정 리마인드 데이 – 씨앗 카드를 꺼내 읽으며, 지난 감정을 되새기기

엄마를 위한 팁

- 감정 씨앗은 잘 정리된 문장이 아니어도 돼요. "기분이 말랑말랑했어!"처럼 감각적인 말도 좋아요.
- 카드 하나하나에 "이 말 진짜 네 마음 같다." 하고 반응해 주는 게 아이에게 큰 힘이 돼요.

12

숨은 감정 찾기

놀이 목적

말 한마디 속에 직접 드러나지 않은 감정을 상상하며, 정서 추론력과 김징 공감 능력을 길러줍니다.

놀이 방법

짧은 대화 상황을 들려주고, 그 속에 숨어 있는 감정을 찾아봅니다. "왜 그렇게 느꼈는지", 이유까지 말로 표현해 봅니다.

정답을 맞히는 놀이가 아니라, "이 말 속에 감정이 숨겨져 있다면?" 하고 상상해 보는 탐정 놀이처럼 이끌어 주세요.

예시 대화

엄마: "이 상황 들어볼래?"

　　"친구: 오늘은 그냥 먼저 갈게. / 나: …응, 알겠어."

아이: "음… 겉으로는 괜찮다고 했지만, 속으로는 좀 서운했을 것 같아."

엄마: "왜 그렇게 생각했어?"

아이: "말이 짧고 조용하잖아. 진짜 괜찮으면 "그래~ 내일 보자!" 이렇게 했을 거야."

엄마: "오, 그런 말투 차이에서 감정을 잘 읽었네."

아이: "마음속엔 '왜 갑자기 가지?' 이런 생각이 숨어 있었을지도 몰라."

엄마 한마디

"말로 표현한다고 해도 마음은 자주 숨어 있어. 우리가 잘 찾아보자."

놀이가 자라는 한 문장

말 속에 숨어 있는 감정을 상상해 보는 것은
눈빛과 말투 너머의 마음을 알아차리는 힘을 길러줘요.

놀이 응용

- **감정 추리 퀴즈**
  짧은 대사를 듣고 감정 카드에서 추측해 고르기
- **겉말 vs 속마음 쓰기**
  겉으로 한 말과 그때 진짜 느꼈던 마음을 비교해 보기
- **감정 메모지 만들기**
  "이 말 속에 숨어 있을지도 모를 마음은?" 한 줄씩 적어보기

엄마를 위한 팁

- 감정이 정확하든 아니든, "그렇게 느낄 수도 있겠다!"는 열린 반응이 아이의 정서 상상력을 키워줘요.
- 말보다 감정이 늦게 따라올 수도 있어요. 아이가 시간을 갖고 말할 수 있게 기다려주세요.

13

감정 상황 카드 말로 풀기

놀이 목적

감정이 담긴 상황을 스스로 말로 표현하며 상황-감정 연결 능력을 길러요.

놀이 방법

감정 상황이 적힌 카드를 뽑습니다.

예: "친구가 내 생일 초콜릿을 몰래 먹었을 때."

① 어떤 감정이 들었을지 말해봅니다.

② 왜 그런 감정을 느꼈는지 설명해 봅니다.

③ 그때 어떤 말을 했을지 문장으로 만들어봅니다.

단순히 "기분이 나빴다"에서 끝나지 않고, "왜 그랬는지, 어떻게 표현했을지"까지 이어지도록 도와주세요.

예시 대화

엄마: "이 상황 어때? '친구가 내 생일 초콜릿을 몰래 먹었을 때!'"

아이: "속상하고… 좀 화날 것 같아."

엄마: "왜 그런 감정이 들었을까?"

아이: "내가 진짜 아끼던 초콜릿이었고, 말도 안 하고 먹었으니까!"

엄마: "맞아, 마음이 무시당한 느낌도 있었을 수 있겠네."

아이: "그때 난 '왜 물어보지도 않고 먹었어?' 하고 말했을 것 같아."

엄마: "솔직한 감정을 꽤 잘 설명했어!"

엄마 한마디

"감정을 말로 꺼내는 연습을 자꾸 하다 보면, 마음도 더 선명해져."

놀이가 자라는 한 문장

감정을 이유와 말로 풀어보는 과정은 마음을 정확히 표현하는 힘을 길러줘요.

놀이 응용

- **감정 도형 연결**

    감정(예: 속상함)을 도형(예: 구불구불 선)으로 표현
- **거꾸로 상황 만들기**

    감정을 먼저 정하고, 그 감정이 들었을 상황을 아이가 상상해 보기
- **"이런 상황이 나한테도 생기면 난 뭐라고 말했을까?"** 가족끼리 번갈아 말해보기

엄마를 위한 팁

- 아이가 이유를 말하지 못해도 괜찮아요. 감정과 상황 사이의 연결 고리를 찾아가는 과정이 가장 중요해요.
- 감정이 여러 개 섞여 있어도 "그럴 수 있어. 그런 마음이 한꺼번에 들 때도 있지!" 하며 자연스럽게 받아주세요.

14

말 예럴
골라보기

놀이 목적

다양한 상황 속에서 예의 있고 따뜻한 말 한마디를 선택하며, 사회적 말 습관과 배려하는 언어 사용을 익힙니다.

놀이 방법

말 상황을 제시하고 그에 어울리는 예의 있는 말을 만들어봅니다. 상황별로 "이건 예의 있는 말일까? 상대가 들었을 때 기분이 어땠을까?"도 함께 이야기해요.

단순히 "맞는 말"을 찾는 게 아니라, 상대방의 기분까지 고려한 말을 찾는 연습이 중요해요.

예시 대화

엄마: "'엄마, 물!'이랑 '엄마, 물 좀 주세요!' 중에 어떤 말이 더 좋을까?"

아이: "두 번째 거!"

엄마: "왜 그렇게 생각했어?"

아이: "첫 번째는 너무 명령하는 것처럼 들려…"

엄마: "맞아, 말투나 내용에 따라 듣는 사람의 기분도 달라지지."

아이: "그럼 '엄마, 물 좀 주실 수 있어요?'는 더 공손한 거네!"

엄마: "와, 예의 레벨 업했네~ 말 한마디가 진짜 멋졌어."

엄마 한마디

"예쁘게 말하면, 마음도 예쁘게 들려."

놀이가 자라는 한 문장

예의를 담아 말하는 연습은
다른 사람을 배려하는 마음을 말로 표현하는 힘이 됩니다.

놀이 응용

- **말 예절 레벨 카드 만들기**
  같은 상황, 공손 단계별 문장 만들어보기
- **안 예쁜 말 고치기 게임**
  예의 없는 말을 듣고 "이건 어떻게 바꿔 말할까?" 생각해보기
- **가족끼리 예의 있는 말 하루 챌린지**
  하루 동안 '부드러운 말' 얼마나 쓰는지 기록하기

엄마를 위한 팁

- "그 말은 안 돼!"보다 "이렇게 말하면 상대가 더 기분 좋을 거야!"처럼 긍정적인 방향으로
  유도해 주세요.
- 예의 표현은 억지로 가르치는 것보다 놀이처럼 즐겁게 반복할수록 몸에 배어요.

15

말의 진심을
찾아라

놀이 목적

같은 말이라도 말투, 표정, 상황에 따라 전해지는 의미가 다를 수 있다는 걸 느끼고, 그 속에 담긴 감정의 '진짜 의도'를 읽어보는 능력을 기릅니다.

놀이 방법

간단한 문장을 제시하고, 그 말이 어떤 마음으로 말했는지 상상해 봅니다.

"이건 진짜 칭찬일까? 혹시 삐진 걸까?"를 함께 이야기합니다.

아이에게 "어떻게 들렸어?", "진짜 기분은 뭐였을까?"처럼 감정의 뉘앙스를 탐색하게 도와주는 게 핵심이에요.

예시 대화

엄마: "'그래, 잘했네.' 방금 이 말, 기분 좋게 들렸어?"

아이: "말은 좋은데... 좀 시큰둥한 느낌?"

엄마: "어떤 말투였다고 상상했어?"

아이: "약간 삐진 사람처럼 '내가 질투 중이야!' 같은 느낌?"

엄마: "오, 말보다 말투에서 진심을 잘 읽었네."

아이: "100% 진짜 잘했다고 생각하진 않았던 것 같아."

엄마: "오~ 이쯤 되면 감정 박사님인데?"

엄마 한마디

"진심은 말 사이에 숨을 때가 많아. 느낌으로 찾아보자."

놀이가 자라는 한 문장

같은 말을 어떻게 받아들이느냐에 따라
감정도 달라진다는 걸 배우는 연습이에요.

놀이 응용

- **감정 이중 카드 만들기**
  한 문장을 두 가지 감정 버전으로 읽고 느낌 비교
- **진심 아닌 말 찾기 게임**
  말 중에 '진짜 속마음이 안 보이는 말'을 골라 해석해 보기
- **엄마 vs 아이 말투 대결**
  같은 문장을 감정 다르게 담아 말하기!

엄마를 위한 팁

- 감정의 '겉과 속'을 구분하는 건, 아이가 정서적 거리감과 공감 능력을 기르는 중요한 과정이에요.
- "이 말, 네가 받는다면 어떤 기분일까?" 하고 되묻는 방식으로, 자기 감정과 타인 감정 사이의 연결을 자연스럽게 느끼게 해주세요.

부모의 연습장

부모의 연습장

놀이 목적

갈등 상황에서 감정을 말로 표현하고, 서로의 입장을 바꾸어 말해보며 공감력을 키워요.

놀이 방법

둘이 다투는 상황을 설정해 역할극을 해봐요. 아이가 '상대 역할'을 해보는 게 포인트예요.
입장을 바꾸어 연기하면 감정이 훨씬 깊이 느껴져요.

예시 대화

엄마: "우리 역할극 해보자. 상황은 이거야! '친구가 네 블록탑을 무너뜨렸어.'"

아이: (나) "왜 그랬어! 내가 열심히 만든 건데!"

엄마: (친구 역할) "미안... 나도 모르게 팔이 닿았어. 일부러 그런 거 아니야."

아이: "그래도 속상했어. 다시 만들기도 싫어졌어."

엄마: (친구) "정말 미안해. 같이 다시 만들어줄까?"

아이: "응. 그럼, 조금만 도와줘."

엄마: (엄마로 돌아와서) "이야~ 말로 잘 풀었다. 기분 말해줘서 상대도 이해했을 거야."

엄마 한마디

"마음을 말로 꺼내면, 화난 일도 조금씩 풀릴 수 있어."

놀이가 자라는 한 문장

갈등을 말로 풀어보는 연습은 감정도 관계도 함께 돌보는 힘을 길러줘요.

놀이 응용

- **역할 바꾸기**

  이번엔 아이가 친구 역할, 엄마가 속상한 아이 역할
- **감정 카드 들고 연기하기**

  역할극 중 느껴지는 감정 카드 골라 들기
- **해결책 바꿔보기**

  같은 상황에서 "이번엔 이렇게 말해볼까?" 하고 다양한 해결 시도 해보기

엄마를 위한 팁

- 갈등 상황에서 "어떤 감정이 들었는지"를 먼저 말하게 유도하면, 싸움보다는 표현 연습에 집중할 수 있어요.
- 연기처럼 장난스럽게 접근하면 아이가 부담 없이 자기 감정을 말로 꺼낼 수 있어요.

17

나만의 위로 문장 만들기

놀이 목적

자기 경험에서 우러나온 말로 위로 문장을 만들어보며 자기 이해와 공감 표현력을 키워요.

놀이 방법

힘들었던 기억을 떠올리고, 그때 듣고 싶었던 말을 아이가 직접 만들어보아요.
예: "그날 너무 울었어. '괜찮아, 울어도 돼!'가 듣고 싶었어."
직접 만든 위로의 말은 아이의 마음 깊은 곳에 오래 남아요.

예시 대화

엄마: "가장 속상했던 날이 언제였을까?"
아이: "그림이 찢어졌을 때요."
엄마: "그때 누가 뭐라고 말해줬으면 좋았을까?"
아이: "'새로 그려도 괜찮아!'요."
엄마: "그게 너만의 위로 문장이구나."
아이: "앞으로 친구가 속상해할 때 그렇게 말해줄래요."

놀이 응용

- '내가 듣고 싶은 말' 먼저 말해보기
- 감정 단어를 뽑아 그때 어울리는 위로 문장 적기
- 위로 말 공책 만들기
  아이가 만든 위로 문장을 모아서 '나만의 위로 책' 만들기

엄마를 위한 팁

- "네가 만든 말이 나한테도 위로가 됐어!" 하고 엄마가 먼저 감동을 표현하면, 아이도 말의 가치를 자연스럽게 느껴요.
- "이 말은 너 스스로에게 해줘도 좋아!"하며, 자기 자신을 위로하는 말로도 쓸 수 있다는 걸 자연스럽게 알려주세요.

18

우리끼리
감정 인터뷰

놀이 목적

부모와 아이가 서로의 감정을 질문하고 대답하며 감정 소통력을 높여요.

놀이 방법

서로 질문을 주고받으며 감정을 나눠보아요.
예: "오늘 제일 기뻤던 순간은?", "요즘 속상한 게 있어?"
대답보다 '묻는 경험'이 더 큰 감정 자산이 될 수 있어요.

예시 대화

엄마: "오늘은 우리 둘이 인터뷰 놀이 해볼까? 엄마가 먼저 물어볼게.(인터뷰하듯 마이크 소품
　　　들고) 요즘 가장 기분 좋았던 순간은 언제야?"

아이: "아빠가 주말에 하루 종일 놀아줬을 때!"

엄마: "오, 그때 진짜 즐거웠구나. 왜 그렇게 좋았을까?"

아이: "아빠가 나만 보고 있었어. 다른 일 안 하고!"

엄마: "정말 좋았겠다~ 이제 너도 엄마한테 물어봐도 돼."

아이: "엄마는 최근에 뭐가 제일 웃겼어?"

엄마 한마디

"서로 마음을 물어보면, 우리 마음도 더 가까워져."

놀이가 자라는 한 문장

질문과 대답으로 이어지는 감정 대화는 서로를 이해하는 따뜻한 연습이 됩니다.

놀이 응용

- **역할 바꿔 인터뷰**
  오늘은 아이가 기자! 엄마를 인터뷰하며 감정 알아보기
- **인터뷰 영상 놀이**
  휴대폰으로 서로를 인터뷰하는 장면을 찍어보기

엄마를 위한 팁

- 감정에 대한 질문을 할 땐 "왜 그렇게 느꼈는지?"도 함께 물어보며 아이의 마음 안쪽을 자연스럽게 들여다보세요.
- 아이의 질문에 솔직한 대답을 해주면 "엄마도 마음을 말해주는 사람!"이라는 신뢰가 생겨요.

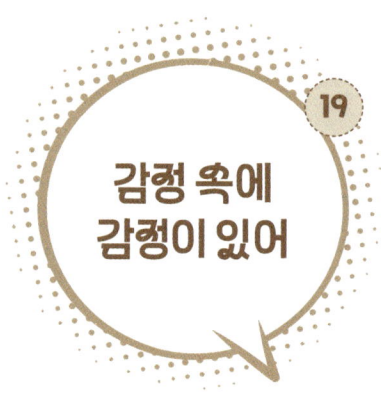

19

감정 속에 감정이 있어

놀이 목적

복합적인 감정을 인식하고, 하나의 기분 속에 여러 감정이 숨어 있다는 걸 말로 풀어보며 감정 어휘와 깊이를 확장합니다.

놀이 방법

한 가지 상황을 제시한 뒤, "이때 어떤 감정들이 함께 있었을까?"를 상상해 봐요.
감정을 하나로 단정하지 않고, 겹치고 섞인 상태 그대로 표현하게 해주는 것이 중요해요.

예시 대화

엄마: "오늘 네가 발표할 때 표정이 좀 복잡해 보이더라. 어땠어?"

아이: "사실 발표 끝나고 박수 받을 땐 기뻤는데 좀 민망했어."

엄마: "기쁘고 민망하고... 그게 동시에 느껴졌구나."

아이: "응, 잘한 거 같긴 한데, 말실수한 것도 생각나서."

엄마: "그런 마음, 엄마도 많이 느껴봤어."

아이: "그래서 좀 자랑스럽지만, 왠지 찜찜하고 이상했어."

엄마: "맞아, 마음은 딱 한 가지만 있지 않고 섞여 있을 때가 많지."

엄마 한마디

"마음에는 한 가지 색만 있지 않아. 겹치고 섞여서 더 진짜 같기도 해."

놀이가 자라는 한 문장

복잡한 감정을 있는 그대로 말로 표현해 보는 경험은
감정에 솔직해지는 힘을 길러줘요.

놀이 응용

- "기쁘면서 슬펐어!" 문장 이어 말하기
  반전 감정 이어 말하기 연습
- 감정 레이어 그리기
  큰 감정 위에 작은 감정들 덧붙여 시각화해 보기

엄마를 위한 팁

- 복합 감정을 받아들이는 건 자기감정에 솔직해지는 첫 연습이에요.
- 기쁨 속 부러움, 즐거움 속 아쉬움처럼 서로 반대되는 감정이 함께 있는 순간도 괜찮다고
  알려주면 아이의 마음이 더 단단해져요.

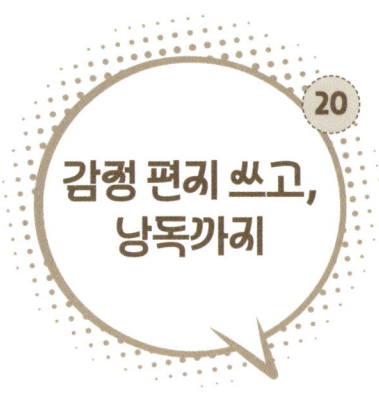

20 감정 편지 쓰고, 낭독까지

놀이 목적

자신의 감정을 글로 정리하고, 누군가에게 말로 건네며 감정의 깊이를 확장해요.

놀이 방법

가장 기억에 남는 감정 하나를 떠올려, 그 마음을 편지로 써보고 직접 읽어보아요.

상대는 가족일 수도, 친구일 수도, 나 자신일 수도 있어요.

말로 하기 어려운 감정을 '글+말' 두 가지 방식으로 풀며 정리해 보는 마무리 감정 놀이입니다.

예시 대화

엄마: "오늘은 '나에게 쓰는 편지'를 써볼래?"

아이: "어? 나한테?"

엄마: "응, 힘들었을 때의 나, 기특했던 나한테 말을 걸어보는 거야."

아이: "현경아, 어제 글씨가 마음대로 안 써져 속상해서 울었지만 괜찮아. 잘 써보려고 엄청 노력했잖아. 내가 다 알아"

엄마: "우와… 그 말 엄마도 듣고 싶을 정도로 따뜻해."

아이: "다음엔 좀 더 실수해도 괜찮아. 그럴수록 배울 기회가 늘어나는 거래."

엄마: "이건 꼭 너의 마음을 안아주는 편지네. 너무 좋다. 그럼, 이제 소리내 읽어볼까?"

엄마 한마디

"편지를 소리 내어 읽으면, 마음도 더 크게 전해져."

놀이가 자라는 한 문장

글로 쓴 마음을 직접 말로 꺼내는 낭독은
감정을 전하고 표현하는 가장 따뜻한 말하기 연습입니다.

놀이 응용

- 감정 테마를 정해서 편지 써보기
- 마이크 들고 발표 놀이처럼 낭독
- 같은 편지를 다양한 말투로 읽어보기

엄마를 위한 팁

- 목소리로 마음을 전하는 경험은 말하기 자신감과 감정 전달력 모두에 큰 힘이 됩니다.
- 낭독은 글에 담긴 마음을 다시 한번 꺼내어 아이 자신의 목소리로 감정을 받아들이는 과정이에요.

부모의 연습장

부모의 연습장

말은 자라고, 우리도 함께 자랍니다.

하루 잠깐의 말놀이, 그게 뭐 얼마나 큰일이겠냐고 생각할 수도 있어요.

하지만 그 짧은 시간이 쌓이면 아이의 말이 자라고, 생각이 자라고, 그 안에 담긴 마음까지 자라더라고요.

놀라운 건, 그 곁에서 조용히 바라보던 부모인 나도 조금씩 변한다는 거예요.

말을 건넬 용기가 생기고, 아이의 말을 더 길게 기다릴 수 있게 되고, 그 기다림 속에서 나 자신과도 대화하게 돼요.

《말놀이 100》은 특별한 기술이 아니에요.

누군가를 가르치기 위한 도구도 아니고요.

그저 아이와 내가 말을 통해 하루하루 놀며 자라나는 작은 방법일 뿐이에요.

무엇보다 말은 잘하려는 사람보다, 함께하고 싶은 사람 곁에서 자랍니다.

많이 말하지 않아도 괜찮아요.

서툴러도, 조용해도, 다정하게 곁에 있어 주는 사람이면 충분해요.

혹시 지금 "내가 잘하고 있는 걸까?", "이렇게 해도 괜찮은 걸까?" 스스로를 자꾸 의심하게 된다면, 그 마음부터 먼저 안아주세요.

당신은 이미 아이에게 가장 필요한 언어 환경이 되어주고 있답니다.

말은 당신의 마음과 생각에서, 당신만의 목소리로 자라고 있으니까요.

이 책을 따라오며 아이의 말이 조금 더 자유로워졌다면, 아이와의 대화가 조금 더 따뜻해졌다면, 그걸로 충분해요.

그리고 이 시간들은 언젠가 아이가 자신을 표현하고, 사람들과 관계를 맺고, 또 세상과 자신을 연결하는 말의 뿌리가 되어줄 거예요.

작은 말 하나에 이토록 큰 변화가 피어나는 걸 지켜보며 이 책을 써 내려올 수 있었던 건, 어쩌면 제 삶에서 가장 다정한 경험이었는지도 모르겠습니다.

말은 자라고, 마음도 자라고, 그 곁에서 우리도 자랍니다.

고맙습니다.
여기까지 말의 길을 함께 걸어와 주셔서요.

이 책을 쓰게 된 건, 자녀와 말로 노는 것이 생각보다 간단한 방법인데, 많은 부모들이 놓치고 있다는 게 아쉬웠기 때문이에요.

아이에게 말을 알려주고 싶은 마음은 누구에게나 있죠.
그런데 정작 '어떻게' 하는지 잘 모르고, 그걸 차근히 알려주는 책도 흔치 않더라고요.

저는 '모국어 놀이'가 꼭 필요하다고 믿어요.
세상을 자기 말로 마주하기 위해서 무엇보다 자기 언어가 편해야 한다고 생각했어요.

그래서 이 책엔, 말은 잘하기 전에 먼저 '편해야' 한다는 메시지를 담고 싶었어요.
말은 작정하고 준비해서 잘해야 하는 게 아니라, 숨 쉬듯 자연스러운 것이라고요. 노는 것처럼요.

놀이로 말이 자라나는 동안 놀랍게도 제 말도 함께 자라더라고요.
아이가 커가는 만큼, 저도 부모로서 자라야 하니까요.
그럴 때면 저는 부모로서 마음을 가만히 들여다보게 해주는 질문 카드 '위즈덤 모먼트'를 꺼내보곤 했어요. 짧은 문장과 질문을 통해 내 언어, 내 태도를 다시 바라보는데 큰도움이 되었답니다.

위즈덤 모먼트

결국 아이와 나, 함께 자라는 말이 가장 오래 남는다는 걸
말놀이를 통해 매일 배워가는 중입니다.

《말로 노는 아이》는 말이 유창한 부모를 위한 책이 아니에요.

조금 서툴러도 천천히 말하고 싶은 부모, 그럼에도 아이 곁에 있고 싶은 부모를 위한 책이에요.

부모가 익숙해지면, 아이는 뭐든 따라오게 되어 있어요.

그 믿음 하나로 이 책을 쓰고, 놀이를 엮고, 말을 다듬어왔어요.

당신의 말도, 아이와의 말놀이도 따뜻하게 자라나길 응원합니다.

고맙습니다.

〈말놀이 부록〉

1. 연령별 추천

연령	추천 포인트	추천 놀이
3~4세	말의 리듬과 입 모양에 흥미 가질 때	입 모양 따라 말해요 / 그림 보고 단어 맞히기 / 말풍선 만들기 / 단어에 별점 매기기
5~6세	감정·생각 표현과 문장 구성 시작	기분에 따라 같은 문장 말하기 / 오늘 내 기분은? 한 단어로 / 왜냐하면 게임 / 문장 복사 놀이
7세 이상	논리·표현력·상황 적응력 확장	발표 챌린지 / 나만의 정의 만들기 / 감정으로 짧은 이야기 만들기 / "왜?"에 대답하는 문장 만들기

2. 유형별 추천 (아이 성향에 따라)

① 내성적인 아이(말을 꺼내는 데 시간이 필요한 아이):

　큰소리 vs 속삭이기 / 감정 따라 목소리 톤 바꾸기 / 감정 단어 카드 뒤집기

② 산만하고 에너지가 많은 아이(집중 시간 짧고 몸을 많이 움직임):

　단어 탑 쌓기 / 박수 치며 말하기 / 역할극 문장 만들기

③ 말 수준이 높은 아이(다양한 단어·문장 자유롭게 구사):

　말로만 상황극 / 생중계하듯 말해보기 / 나만의 정의 만들기

④ 감정 표현이 서툰 아이(기분을 말로 풀어내기 어려움):

　감정 말투 실험실 / 감정 담아 편지 쓰기 / 부모–아이 감정 인터뷰 놀이

⑤ 자기주장이 강한 아이(생각을 명확히 표현하고 싶어 함):

　내 생각은 이래' 말하기 카드 / 느낌 문장 vs 사실 문장 / 감정 스티커 말하기

⑥ 말을 늦게 시작한 아이(단어 구사력이 부족하거나 자신 없음):

　낱말 조각 퍼즐 / 따라 말해요 똑같이! / 단어 골라 문장 만들기

⑦ 혼잣말이 많은 아이(상상과 말놀이를 즐기는 스타일):

　문장 이어 말하기 / 그림 설명 문장 만들기 / '만약에' 문장 만들기

⑧ 논리적이고 분석적인 아이(비교, 분석, 질문을 자주 하는 아이):

　뭐가 다를까? 비교 말하기 / 단어 속 낱말 찾기 / '왜?'에 대답하는 문장 만들기

3. 목적별 추천 (놀이를 통해 키우고 싶은 목표에 따라)

1) 어휘력 향상 – 반대말 리믹스 / 같은 단어, 다른 뜻 찾기 / 단어 사전 만들기

2) 문장 구성력 – 짧은 문장, 긴 문장 바꾸기 / 문장 속 말 실종 게임 / 문장 복사 놀이

3) 감정 표현력 – 감정 상황 카드 말로 풀기 / 내 마음 색깔은 이런 소리 / 친구 마음 토닥토닥

4) 말의 표현력 – 감정 따라 목소리 톤 바꾸기 / 연기 톤 따라 말하기 / 강세 옮기기 말놀이

5) 생각하는 힘 키우기 – '수상해'의 마법 / 제목 짓기 놀이 / 프레젠테이션하듯 설명 놀이

6) 자신감 향상 – 말로 설명해 볼게요 / 발표 챌린지 / 내가 만든 문장으로 짧은 이야기 쓰기

4. 놀이 방식별 (아이의 참여 유형이나 놀이 구조에 따라)

1) 혼자 말하는 놀이–혼자 떠올리거나 조용히 말하는 활동:

　내 마음 색깔은 이런 소리 / 단어에 별점 매기기 / '내 생각은 이래' 말하기 카드

2) 엄마와 주고받는 놀이–대화형, 주고받는 문장 중심:

　친구 마음 토닥토닥 / 대화 문장 바꾸기 / 문장 이어 말하기

3) 몸을 활용하는 놀이–손으로 만들거나 몸으로 표현:

　단어 탑 쌓기 / 입 모양 따라 말해요 / 감정 스티커 말하기

4) 카드/도구 활용 놀이–준비물이 필요한 놀이:

　감정 단어 카드 뒤집기 / 감정 상황 카드 말로 풀기 / 사운드카드 말 따라 하기

5) 글쓰기 확장 놀이–말한 것을 글로 이어가기:

　감정 담아 편지 쓰기 / 내가 만든 문장으로 짧은 이야기 쓰기 / 나만의 위로 문장 만들기

5. 놀이 환경별 (장소나 상황에 따라)

1) 차 안, 이동 중: 초성만 보고 말해요 / 속삭임 vs 큰소리 대결 / 말 리듬 게임

2) 목욕 시간, 집안에서: 감정 말투 실험실 / 따라 말해요 똑같이! / 박수 치며 말하기

3) 야외에서, 산책하며: 오늘 내 기분은? 한 단어로 / 이 단어는 어떤 색일까? / 감정으로 짧은 이야기 만들기

4) 잠자리 전에: '만약에' 문장 만들기 / 감정 담아 편지 쓰기 / 내가 자주 쓰는 문장 뽑기

6. 난이도별 (놀이의 사고력·언어력 요구 수준에 따라)

1) 쉬운 놀이(말 틔우기): 단어, 짧은 문장, 리듬 위주

  – 입 모양 따라 말해요 / 낱말 조각 퍼즐 / 그림 설명 문장 만들기

2) 중간 난이도(표현력 확장): 감정, 어조, 문장 구조 조작

  – 문장 단어 순서 바꾸기 / 감정 따라 목소리 톤 바꾸기 / 느낌 문장 vs 사실 문장

3) 높은 난이도(생각 표현과 창의성): 논리, 관점, 자아 표현

  발표 챌린지 / 나만의 정의 만들기 / 프레젠테이션하듯 설명 놀이

7. 발달 영역별 (언어 외에도 함께 자라는 영역 중심)

1) 사회성: 타인의 말과 감정 이해, 관계 형성

  친구 마음 토닥토닥 / 공감 문장 만들기 / 감정 인터뷰 놀이

2) 인지 · 논리력: 비교, 분석, 추론, 구조 파악

  단어 속 낱말 찾기 / 뭐가 다를까? / '왜?'에 대답하는 문장 만들기

3) 자기 조절력: 감정 인식과 조절, 자기표현

  감정 말투 실험실 / 마음의 꼬리표 붙이기 / 나만의 위로 문장 만들기

4) 창의력: 새로운 아이디어, 시각, 표현

  제목 짓기 놀이 / 생중계하듯 말해보기 / 감정으로 짧은 이야기 만들기

추천사

"엄마! 엄마!" 나의 15개월 딸아이는 하루에도 수십 번, 다양한 감정과 상황 속에서 나를 부른다. 아이의 언어와 사고를 어떻게 넓혀줄 수 있을지 고민하던 중 만난 〈말로 노는 아이〉. 말을 통해 제자들을 건강하게 성장시켜온 저자의 오랜 경험과 따뜻한 시선이 책 곳곳에 고스란히 스며 있다. 경청의 자세와 함께 웃을 마음, 그리고 이 책 한 권만 있으면 충분하다. 나도 이제 아이와 함께 말놀이를 시작해보려 한다.

– JTBC 아나운서 김하은

'교육'이라는 이름 아래, 아이들에게 너무 많은 짐이 지워지는 시대. 말을 업으로 삼아온 엄마가 그 고민과 마음을 고스란히 이 책에 담았다. 책을 읽으며, 말이 트이기 시작한 아이와 처음 눈을 맞추고 소통하던 순간의 감격도 다시 떠올릴 수 있었다. 아나운서이자 '현경이 엄마'인 이수민 저자가 전하는 100가지 말놀이는 '교육'에 지친 아이들이 부모의 따뜻한 언어를 통해 세상을 섬세하게 이해하고, 자신 있게 첫발을 내딛는 데 힘이 되어줄 것이다.

– YTN 앵커 나경철

〈말로 노는 아이〉는 일상 속 상호작용을 언어 발달과 사고력 향상의 기회로 전환하는 구체적인 방법을 친절하게 제시한 책이다. 무엇보다 이 책은 부모를 '잘 듣고 반응하는 대화자'로 성장하도록 이끌며, 아이의 언어와 마음을 함께 여는 길을 안내한다. 실천하기 쉬운 말놀이를 통해, 부모와 아이 모두가 일상 속 대화에서 함께 자라고 연결되는 경험을 하게 될 것이다.

– 김지영 TLP교육디자인 대표, 교육심리학 박사

부모라면 누구나 아이가 어릴 적부터 말을 재미있는 놀이처럼 즐기고, 말의 힘을 자연스럽게 키워가길 바란다. 이 책은 단어, 문장, 발음, 생각, 감정이라는 다섯 가지 주제로, 아이가 말과 친해지고 자연스럽게 소통하는 힘을 기를 수 있도록 돕는다. 말을 배우는 것이 아니라, 말과 노는 경험을 통해 스며들듯 익히는 이 과정은 부모에게도 새로운 발견이 될 것이다. 아이의 말문이 열리기 시작할 무렵부터 곁에 두고 함께하면 더욱 좋을 책이다.

– 전 MBC 아나운서 신동진

말은 마음의 집이라고 하지요. 수민님은 그 집을 다정히 짓는 사람입니다. 그 다정한 결이 아이에게 고스란히 유산으로 전달되고 있음을 이 책을 통해 느꼈습니다. 말 한 줄, 표현 하나에도 마음이 묻어 있어, 사춘기가 된 저의 두 아들에게도 좀 더 따스한 대화를 하고 싶어집니다. 아이의 언어를 믿고, 기다려주고, 함께 놀아주고 싶은 당신에게, 이 책을 꼭 건네고 싶습니다.

– 최진주 코칭심리 전문코치, 라이프앤뷰 대표

말로 노는 아이

초판 인쇄 2025년 9월 10일
초판 발행 2025년 9월 20일

지은이 이수민
발행인 조현수
펴낸곳 도서출판 더로드
기획 조영재
디자인 디자인봄 정의도
주소 경기도 파주시 광인사길 68. 201-4호
전화 031) 942-5364, 5366
팩스 031-942-5368
이메일 provence70@naver.com
등록번호 제2015-000135호
등록 2015년 6월 18일
ISBN 979-11-6338-496-0 (13370)

정가 18,500원